EL NIÑO Y SU MUNDO

Discard

LA - 9/05
CC-0

Juegos
y actividades
para realizar
en familia

Cynthia MacGregor

ONIRO

Título original: *Fun Family Traditions*
Publicado en inglés por Meadowbrook Press

Traducción de Joan Carles Guix

Diseño de cubierta: Valerio Viano

Ilustración de cubierta e interiores: Jack Lindstrom

Distribución exclusiva:
Ediciones Paidós Ibérica, S.A.
Mariano Cubí 92 – 08021 Barcelona – España
Editorial Paidós, S.A.I.C.F.
Defensa 599 – 1065 Buenos Aires – Argentina
Editorial Paidós Mexicana, S.A.
Rubén Darío 118, col. Moderna – 03510 México D.F. – México

© 2000 by Cynthia MacGregor

© 2003 exclusivo de todas las ediciones en lengua española:
Ediciones Oniro, S.A.
Muntaner 261, 3.º 2.ª – 08021 Barcelona – España
(oniro@edicionesoniro.com – www.edicionesoniro.com)

ISBN: 84-9754-089-1
Depósito legal: B-33.141-2003

Impreso en Hurope, S.L.
Lima, 3 bis – 08030 Barcelona

Impreso en España – *Printed in Spain*

Dedicatoria
para Justin y Tori, como siempre,
y también para Steffan.
¡Que os divirtáis en familia!

Agradecimientos
Gracias, como siempre, a mi buen amigo
y colega Vic Bobb.

Índice

Cómo conservar la historia familiar: Actividades para conocer mejor la familia

Actividades manuales familiares

Pasatiempos familiares

Fiestas familiares divertidas

Introducción

Tal vez sea uno de esos días... Tu hija adolescente está convencida de que estás rematadamente anticuada porque aún dices «¡genial!» y no vas a dejar que pase la noche durmiendo con un grupo mixto de amigos. Por su parte, tu hijo de siete años llega de la escuela diciendo: «¿Por qué no podemos ser como la familia Lee? ¡Hacen cosas tan interesantes...!». Y para colmo, tu hijita de once años parece un disco rayado, repitiendo la misma cantinela una y otra vez: «Cómprame una Barbie..., cómprame un jersey nuevo..., cómprame un poni, cómprame un nuevo CD».

Intentas inútilmente reafirmar aquellas reglas que crees justas y razonables. Procuras no avergonzar a tus hijos delante de sus amigos. A lo largo de los años has cedido a sus solicitudes y les has comprado todo cuanto les apetecía, aun cuando tu presupuesto y también tu deseo de no malcriarlos, no permitiera semejantes lujos. Es probable que te resignaras a hacer una cola interminable en una ventosa acera, en pleno mes de diciembre, con la esperanza de ser uno de los pocos afortunados que tuvieran la ocasión de llevarse un juguete de edición limitada. Y también es probable que fuera Papá Noel quien se llevara todo el agradecimiento por tu esfuerzo.

Quieres a tus hijos con locura y deseas que se sientan una parte importante en las tradiciones y experiencias familiares. Los animas a que hagan cosas juntos, a reírse de las bromas y a sentirse orgullosos de pertenecer a su familia. En resumen, quieres que tu duro trabajo e inefable devoción se traduzca en un grupo feliz y estrechamente unido.

Creo que este libro te ayudará a fortalecer los vínculos que quizá en este momento se hayan relajado un poco. Las actividades de las páginas siguientes contribuirán a hacerlo realidad. Juntos aprenderéis nuevas e interesantes cosas acerca de la historia familiar y realizaréis un sinfín de actividades divertidas, y esto os permitirá reafirmar un sólido sentimiento de pertenencia a una unidad familiar cohesionada. Pocas cosas son tan valiosas como éstas.

¡Pasadlo bien!

Cómo conservar la historia familiar: Actividades para conocer mejor la familia

Árbol genealógico

Hoy en día es relativamente habitual que las familias se dispersen a lo largo y ancho de un país o incluso del mundo, y son muchos quienes sólo conocen a sus parientes por su nombre, pero no por su rostro. La mayoría de la gente únicamente se relaciona con sus parientes más próximos (padres, abuelos, tíos y primos directos). Los parientes lejanos se han convertido en más lejanos si cabe, y muchos de ellos han caído en el olvido. Así, por ejemplo, pocos conocen el nombre de sus bisabuelos. ¡Qué lástima!

Un árbol genealógico te ayudará a redescubrir tus raíces. Asimismo, aprenderás una infinidad de aspectos acerca de tu tronco, tus ramas y tus hojas secas. Un árbol genealógico constituye una forma muy divertida de crear un sentimiento de conexión histórica mientras viajas en el tiempo y a través de largas distancias.

Material necesario

- Papel
- Bolígrafo, lápiz o rotulador de punta fina
- Pegamento o cola y fotografías, así como tijeras (opcional)

Procedimiento

1. Coloca una hoja de papel apaisada en el escritorio o una mesa. En lo alto del papel, aproximadamente a un tercio del borde izquierdo, escribe el nombre completo de la madre de uno de tus padres («Aurora Pérez Montoro») y el nombre también completo de su padre («Rogelio Pérez Marin»). Anota el vínculo que los une y conéctalos mediante una línea corta horizontal. Nota: Si alguna mujer en tu fa-

milia conservó sus apellidos después del matrimonio, o si cualquier varón cambió los suyos, deberías hacerlo constar.

2. Traza una línea corta vertical a partir de la línea del vínculo horizontal.

3. Si el primer padre es hijo único, escribe su nombre al final de la línea vertical, y si tiene hermanos o hermanas, traza una línea horizontal.

4. Para el primer padre y cada uno de sus hermanos o hermanas traza una línea corta vertical a partir de la horizontal. Introduce el nombre de una hermana o hermano donde termina la línea vertical. Escribe el nombre del primer padre lo más a la derecha que puedas, dejando mucho espacio entre los nombres.

5. Traza una línea corta horizontal, como un guión, junto al nombre de cada hermano o hermana, incluyendo el nombre de pila completo del cónyuge del hermano o hermana a cada lado del guión. En el caso de que no estén casados, deja el espacio en blanco.

6. Si la hermana o el hermano es viudo o está divorciado, escribe el nombre del cónyuge divorciado o fallecido entre paréntesis. Si ha contraído nuevas nupcias, introduce el nombre del cónyuge correspondiente en el otro lado del nombre del hermano o hermana, uniéndolos igual que antes, es decir, mediante una línea corta horizontal.

7. Incluye los hijos de esta generación de la misma forma con la que dejaste constancia de los descendientes de la generación del primer padre.

8. Haz lo mismo para la familia del otro padre en el lado derecho del papel, colocando su nombre lo más a la izquierda posible, cerca del nombre del primer padre.

9. Traza una línea horizontal que conecte los dos padres, y otra vertical debajo de aquélla para incluir a todos los hijos de tu familia.

10. Si lo deseas, pega una pequeña fotografía de cada pariente junto a su nombre. Si las fotos son antiguas y no dispones de negativos, no te preocupes. Los laboratorios fotográficos pueden hacer copias sin ellos, evitando tener que recortar el rostro de cada pariente y echar a perder las fotos.

11. Intenta retroceder en el tiempo tanto como te sea posible, incluyendo los abuelos, bisabuelos y tatarabuelos, así como sus respectivos hermanos e hijos. Pero recuerda que cuanto más retrocedas, más papel vas a necesitar. También puedes confeccionar un árbol genealógico familiar en un ordenador, utilizando cualquiera de los innumerables programas especializados disponibles en la mayoría de los comercios de informática.

Consejo práctico: Dado que este proyecto está eminentemente destinado a los niños mayores y a los adultos, procura que los más pequeños también se sientan incluidos en su elaboración, como por ejemplo, haciendo dibujos de los parientes o trazando las líneas con una regla y lápices de colores.

Línea temporal

Añade una cierta perspectiva en la historia de tu familia creando una línea del tiempo. Te divertirás descubriendo qué le ocurrió a cada cual y cuándo. Hay tres tipos de líneas temporales que podrías realizar, aunque en cualquier caso deberás trazar una línea recta y larga indicando las fechas a intervalos adecuados. Junto a estos datos escribirás sucesos familiares significativos.

La primera línea temporal es específica para tu familia más próxima. Así, por ejemplo, podría empezar con el año en el que se casaron tu padre y tu madre, y podría incluir un año para el nacimiento de cada hijo y otros hitos interesantes. Si lo deseas, podrías limitar la línea temporal a los acontecimientos más importantes, tales como ceremonias religiosas (primera comunión, bautizo...), el año en el que cada hijo empezó a ir a la es-

cuela y las mudanzas de casa de la familia. También podrías incluir oca-
siones de menor envergadura, tales como la fecha en la que María apren-
dió a montar en bicicleta de dos ruedas, la fecha en la que Juan ingresó en
los Boy Scouts, el primer campamento de verano de Beth, etc.

El segundo tipo de línea temporal incluye a toda tu familia (tíos, tías,
primos, etc.). Habitualmente, suele mostrar única y exclusivamente los
nacimientos, óbitos, nupcias y divorcios, aunque también podrías in-
cluir otros eventos significativos.

El tercer y último tipo de línea temporal muestra los sucesos impor-
tantes en tu familia en relación con diferentes acontecimientos mundia-
les. Veamos un ejemplo: en 1963 se podría mostrar el año en el que fue
asesinado el presidente Kennedy y aquel en el que la abuela Ruth y el
abuelo Luis contrajeron matrimonio.

Material necesario

- Varias hojas de papel
- Bolígrafo, lápiz o rotulador de punta fina
- Cinta adhesiva

Procedimiento

1. Pega con cinta adhesiva cuatro o más hojas de papel uniendo sus bordes. El papel cuadriculado es ideal para este proyecto.
2. Traza una línea recta horizontal a lo largo de las hojas de papel.
3. Decide la fecha inicial de la línea temporal. Haz una pequeña marca
   vertical en el extremo izquierdo de la línea horizontal y anota el año y
   el suceso que tuvo lugar aquel año. A continuación, incluye la información en columnas estrechas debajo de la fecha.
4. Repite la misma operación para los sucesivos acontecimientos, dejando un espacio apropiado entre ellos.
5. A medida que vaya transcurriendo el tiempo, añade más hojas a la derecha. De este modo podrás prolongar la línea temporal y anotar
   cuantos eventos importantes se te ocurran.

6. Pega con cinta adhesiva la línea temporal en una pared larga (pasillo, etc.), asegurándote de que quede a la altura de la vista para que todos puedan leerlo con facilidad. También puedes doblarla y guardarla en un álbum especial relacionado con la historia de la familia.
7. Si has optado por el tercer tipo de línea temporal, utiliza distintos colores para diferenciar los sucesos familiares de los mundiales.

Consejo práctico: Este proyecto también está destinado a los niños mayores y a los adultos. Procura que los más pequeños de la casa también puedan participar.

Boletín familiar

Una forma de conservar los valiosos recuerdos familiares consiste en escribirlos en un boletín. Deberías establecer una pauta regular que funcionara para todos los miembros de la familia (cada noche, semanalmente o mensualmente). A diferencia de un diario, que es privado y a menudo trata de cuestiones muy personales, un boletín es para toda la familia y suele referirse a sucesos en los que todos han participado, ¡aunque esto no significa que haya que evitar los temas emocionales!

Cada miembro de la familia puede tener su turno para escribir en el boletín, o bien designar a la persona que tenga una caligrafía más elegante para que registre los eventos que le dicten los demás. ¿Cuáles han sido los acontecimientos más importantes del día, semana o mes? ¿Ha hecho algo especial la familia? ¿Alguno de sus miembros ha realizado algo también especial que merezca la pena recordar? ¿Ha sucedido algo memorable en la familia?

Incluso los sucesos más insignificantes tienen cabida en el boletín.

¿Acaso Rosa cocinó una hamburguesa por primera vez? ¿Se escapó el perrito y estuvimos buscándolo durante una hora? Como verás, todo es adecuado en un boletín.

Material necesario

- Libro o bloc de notas en blanco
- Bolígrafo

Procedimiento:

1. Reúne regularmente todas las ocasiones dignas de recuerdo, por lo menos una vez al mes.
2. Acordad quién será el encargado de escribir en el boletín.
3. Todos los miembros de la familia pueden aportar ideas. Es posible que papá y mamá tengan que erigirse en árbitros para decidir lo que debe o no debe incluirse.
4. De vez en cuando, reúne a la familia para leer algún boletín anterior. Quizá te interese recordar lo que sucedió la misma semana hace un año, dos o tres.

Consejo práctico: Puedes utilizar el boletín para responder preguntas o mediar en disputas cuando no seas capaz de recordar exactamente qué año comprasteis los dos periquitos o si fue en aquel picnic de Navidad o de Semana Santa cuando las hormigas invadieron la ensalada de patatas.

Álbum de recortes

Además de preservar los recuerdos en el Boletín familiar *(p. 19), confecciona un álbum de recortes en el que podrías incluir objetos especiales o fotografías que evoquen recuerdos familiares. Si son razonablemente planos, no tendrás ningún problema para pegarlos en una página. Asimismo, podrías añadir una descripción escrita que explique su significado.*

Material necesario

- Álbum de recortes de gran tamaño
- Cinta adhesiva de doble cara o pegamento
- Bolígrafo

Procedimiento

1. Puedes conservar objetos tales como:

   - Entradas de un espectáculo sobre hielo, un partido de fútbol o un circo.
   - Postales de los destinos vacacionales.
   - Una flor prensada de un curioso arbusto que crece en el jardín de tía Elena.
   - Objetos que has traído a casa después de un viaje o excursión.
   - Cualquier otra cosa relativamente plana que inspire recuerdos familiares.

2. Pega con cinta adhesiva o pegamento cada objeto en una página del álbum, aunque si son muy pequeños también puedes colocar dos o tres.
3. Escribe una nota relativa a cada objeto. Puede ser tan breve como «La

familia asistió al circo de los Hermanos Ringling el 23 de marzo de 2000», pero puedes añadir cuanta información consideres apropiada.

4. De vez en cuando, mira el álbum para recordar aquellos momentos irrepetibles. Puedes reunir periódicamente a toda la familia para mirarlo juntos o hacerlo tú solo cuanto te apetezca.

Consejo práctico: Ayuda a los niños pequeños a insertar objetos en el álbum y anímalos a pasar las páginas con cuidado.

Cápsula del tiempo

¿Por qué no crear una cápsula del tiempo cuando acaba de nacer un bebé en la familia? No es necesario enterrarla o empotrarla en la piedra angular de la nueva casa en construcción; guárdala en algún lugar especial para mirarla más adelante.

Material necesario

- Una caja grande para cada niño
- Contenido sugerido a continuación

Procedimiento

1. Reúne algunos o todos los objetos siguientes, además de cualquier otro que se te ocurra, y mételos en una caja grande.

   - Noticias que aparecieron en el periódico local, en el boletín de empresa de papá o mamá, etc. el día del nacimiento.

- Una copia de la participación de nacimiento que enviaste a tus amigos y parientes.
- Un globo desinflado en el que se lea «ES UNA NIÑA/UN NIÑO».
- Una vitola de los puros que distribuiste entre tus amigos y parientes en la que figure la inscripción «ES UNA NIÑA/UN NIÑO».
- Tarjetas e e-mails de felicitación que recibiste.
- El brazalete identificativo que llevaba tu bebé en el hospital.
- Uno de los primeros calcetines que llevaba el recién nacido, o alguna prenda de vestir.
- Una fotografía del bebé.
- Una fotografía de la habitación del bebé tal y como estaba el día en que lo llevasteis a casa; una foto del exterior de la casa con el aspecto que tenía aquel día; y quizá otra de la calle y varias del interior de la casa, incluyendo la sala de estar, la cocina, tu dormitorio, etc.
- Fotografías de toda la familia incluyendo las mascotas.
- Una lista con los augurios para el bebé: tus esperanzas y sueños de lo que desearías que le sucediera en la vida, lo que querrías que fuera y lo que te gustaría que tuviera.
- Una descripción de la ceremonia religiosa, si has celebrado alguna, acompañada de una cinta de audio o vídeo.
- Una cinta de audio o vídeo en la que cada miembro de la familia da la bienvenida al recién nacido y expresa sus sentimientos hacia el chiquitín.
- Una lista de los regalos que ha recibido el niño, incluyendo el nombre de quienes se los han dado.
- Una fotocopia de las facturas del hospital o del doctor. Te reirás muchísimo cuando algunos años más tardes compruebes lo barato que fue el parto.
- Un periódico de la fecha del nacimiento en el que consten los sucesos más significativos del día a nivel mundial, nacional y local.
- Una revista nacional de la semana para recordar lo que estaba sucediendo en el mundo, así como los productos que se anunciaban. Las fotografías, tanto las que acompañan a las noticias como las publi-

citarias te resultarán de interés más adelante, mostrando cómo vestía la gente, qué bebía, con qué jugaba y cuánto costaba todo en aquella época.

- Revistas cinematográficas, de libros, de teatro, de conciertos o incluso de software para apreciar mejor lo que ocurría en aquel momento y lo que era más popular.
- La sección deportiva del periódico de la fecha en la que consten los principales jugadores y atletas del año en las diferentes disciplinas deportivas.
- Un catálogo de juguetes para recordar qué juguetes eran populares.
- Una cinta de audio o vídeo mostrando al bebé gimoteando, llorando y gorjeando.
- La huella dactilar de la mano y del pie del bebé.

2. Guarda la caja y no caigas en la tentación de abrirla demasiado pronto y mirar su contenido.
3. Ábrela en un día muy especial, como por ejemplo cuando tu hijo cumpla dieciocho años, en la graduación escolar o universitaria, el día de su boda o el primer día de trabajo.

Consejo práctico: Aun en el caso de que ya hayas tenido el bebé y de que hayas decidido no tener más hijos, nunca es tarde para reunir algunos de los objetos sugeridos en la cápsula del tiempo.

Periódico familiar

Un periódico es una forma excelente de coleccionar las noticias relacionadas con los asuntos cotidianos de la familia. A la hora de determinar con qué frecuencia deberías «publicarlo», ten en cuenta las dimensiones de toda tu parentela, la relación más o menos estrecha de tus hijos con sus primos y otros parientes, y qué merece o no la pena incluir en el periódico. Podrías enviarlo semanal, mensual, trimestral o anualmente, o cuando la ocasión lo requiera.

Para este proyecto tú y tus hijos necesitaréis estar en contacto con los parientes de otras ramas familiares. Sugiere a los niños que entrevisten a sus primos para obtener información nueva o divertida acerca de los sucesos que han acontecido en su familia. Cuando hayas reunido una buena cantidad de noticias, publica el periódico y envía un ejemplar a cada uno de los miembros de la familia.

Material necesario

- Teléfono u ordenador (e-mails) para contactar con las diversas ramas familiares
- Máquina de escribir, o bien ordenador, y papel para confeccionar el periódico
- Sobres y sellos para mandar ejemplares del periódico a todos los miembros de la familia, a menos que utilices el correo electrónico
- Bolígrafo y papel para tomar notas durante las entrevistas telefónicas
- Fotocopiadora (o acceso a una) en el caso de que no dispongas de un ordenador y una impresora

Procedimiento

1. Llama por teléfono o contacta por e-mail con las demás ramas de tu familia (parientes próximos y lejanos) y anota sus noticias más recientes. ¿Han comprado un nuevo coche o una nueva mascota? ¿Hay algún recién nacido en la familia? ¿Se ha graduado alguien en la escuela, ha cambiado de trabajo o lo han ascendido? ¿Ha ingresado alguno de los pequeños en los Boys Scouts, ha participado en un festival de ballet, ha empezado a estudiar piano o ha recibido la visita de un viejo amigo que se había trasladado a otra ciudad? ¿Alguien ha visitado Euro Disney? Anota todos los detalles.

2. Escribe cada noticia a modo de artículo, y en caso de que sólo tengas una o dos frases que escribir sobre múltiples sucesos, confecciona un artículo que abarque todas las noticias de cada rama familiar. Recuerda que cada artículo requiere un título, como por ejemplo, «La familia Sancho compra un coche nuevo» o «Noticiario de la familia Serrano».

3. No hace falta hacer maravillas. No obstante, si quieres que el periódico sea un primor y eres mañoso con el ordenador, puedes escribir a dos o tres columnas e insertar fotografías, aunque también puedes escribir a máquina en una hoja de papel normal y corriente. Si dispones de impresora, saca las copias que necesites, y si no, utiliza una fotocopiadora. Quienes utilicen una máquina de escribir pueden hacer copias para cada rama de la familia. Recuerda que el objetivo principal es reunir el máximo número de noticias y darlas a conocer. Sea como fuere, no te preocupes; tu periódico familiar no tiene por qué tener el aspecto del *New York Times*.

4. Entrégalo en mano o envíalo por correo electrónico a sus correspondientes destinatarios.

5. Si no dispones de impresora ni tienes acceso a una fotocopiadora, mecanografía un ejemplar del periódico y mándalo a una rama familiar, dando las oportunas instrucciones para que una vez leído lo reenvíen a la siguiente (incluye una lista de nombres y direcciones).

6. Si estás conectado a Internet, considera la posibilidad de enviar una

versión e-mail del periódico. No sólo es más rápido que un periódico tradicional, sino que además ahorras papel y dinero.

Consejo práctico: Es divertido implicar a los niños en la confección del periódico. Podrían colaborar haciendo entrevistas telefónicas, por ejemplo, aunque deberás confirmar toda la información antes de publicarla.

Escribe la historia de la familia

En la historia de tu familia hay mucho más que simples fechas. Saber cuándo y dónde nació cada uno de sus miembros constituye un buen comienzo, pero ¿por qué detenerse ahí? También deberías incluir una infinidad de historias de interés humano.

Material necesario

- Bolígrafo y papel
- Grabadora, máquina de escribir u ordenador, carpeta de anillas o cartulina rígida y grapas o clip de sujeción para la carpeta (todo opcional)

Procedimiento

1. Habla con tantos miembros adultos de la familia como puedas, incluyendo los padres, los abuelos si aún están vivos, los tíos, tías y primos. Formúlales preguntas acerca de la familia, haciendo un especial hincapié en las generaciones pasadas, y anota cuidadosamente las respuestas o grábalas. Podrías hacer preguntas tales como: «¿Quién fue

el primero de la familia que fue a la universidad? ¿Hay alguien famoso? ¿Existe alguien que ocupe un puesto de importancia a nivel local (alcalde, director de una escuela, etc.)?».

2. Organiza las respuestas de forma lógica (cronológicamente, por ejemplo). Tal vez desees escribir por capítulos: sucesos acaecidos en la familia de tu madre y de tu padre antes de que naciera, infancia de tu madre y de tu padre, ocasiones especiales en tu familia próxima después de casarse tu padre y tu madre, o sucesos que se hayan producido en todas las ramas familiares durante aquellos años de matrimonio.

3. Puedes escribir el libro con tu propia letra o mecanografiarla en un ordenador o máquina de escribir, ordenando las páginas entre dos cubiertas de cartulina rígida con un clip de sujeción o en una carpeta de anillas. Si quieres que el libro tenga un aspecto magnífico, llévalo a imprimir y encuadernar.

4. Sigue añadiendo más hojas a la historia familiar a medida que vayas hablando con miembros de tu familia con los que no hayas tenido contacto recientemente.

Consejo práctico: Incluso los miembros de la familia de los que no te sientas especialmente orgulloso deberían tener un lugar en tu historia familiar.

Historia familiar ilustrada

Las imágenes infunden vida a las palabras, y a los niños les encantan los libros de dibujos. ¿Por qué no escribir historias familiares ilustradas con dibujos realizados por tus propios hijos? Tal vez conozcas una historia

divertida acerca de la abuela Lucía intentando espantar a una vaca que se estaba comiendo sus petunias, o quizá del tío Pablo un día que fue a pescar cuando se suponía que debía estar en la escuela... ¡y se encontró con su padre en el lago! Reúne este tipo de anécdotas de los miembros de la familia, escríbelas e ilústralas con dibujos.

No importa que nadie sea capaz de dibujar con precisión a la abuela Lucía o que el lago no sea tal y como lo recuerda el tío Pablo. Lo importante es que todos puedan recordar mejor las historias cuando están acompañadas de ilustraciones.

Material necesario

- Bolígrafo y papel (o máquina de escribir u ordenador)
- Lápices de colores, ceras o rotuladores de colores de punta fina
- Carpeta de anillas o cartulina rígida, grapas o clip de sujeción para la carpeta

Procedimiento

1. Pide a todos los miembros de tu familia (próxima y lejana) que te cuenten anécdotas divertidas, emocionantes e interesantes que les hayan ocurrido.
2. Escríbelas de puño y letra o con una máquina de escribir u ordenador.
3. Haz por lo menos un dibujo para ilustrar cada historia.
4. Confecciona el libro con dos cubiertas de cartulina rígida y grapas, sujetando las hojas con un clip o colocándolas en una carpeta de anillas.

Consejo práctico: Si a tus hijos no les gusta demasiado dibujar y pintar, podrían pasar un buen rato confeccionando un libro con fotos familiares. Hazlo como se ha indicado anteriormente y luego sustituye las fotos por dibujos.

Recetario familiar: Las recetas de siempre

Cuando compiles la historia de tu familia, no te olvides de las recetas culinarias. Al fin y al cabo, la mayoría de las reuniones familiares coinciden con la hora de comer.

Es probable que conozcas a los miembros de la familia lejana por algunas recetas. Si el pan de plátano de la abuela, los perritos calientes de tía Julia o el chili a la brasa de tío Heriberto figuran entre las especialidades favoritas de la familia, colecciona las recetas e inclúyelas en este libro.

Material necesario

- Hojas de papel para carpeta de anillas
- Bloc de notas de hojas sueltas
- Bolígrafo

Procedimiento

1. Llama por teléfono o escribe a cada miembro de la familia, incluyendo a los parientes lejanos, y pídeles una o más recetas especiales o aquellas de las que se sienten orgullosos.
2. Solicita instrucciones precisas para preparar la receta.
3. Anota cada receta en una hoja suelta de una carpeta de anillas y luego colócala en dicha carpeta.
4. Si has conseguido reunir suficientes recetas para dividir el recetario en secciones, hazlo. Podrías separar la carne, las verduras, las patatas, los postres, las sopas, etc., aunque también sería una buena idea clasificarlas por su procedencia, de manera que cada pariente tenga su propia sección.

5. Titula el recetario con un nombre especial y único para tu familia, incluyendo a todos los editores y colaboradores, ilustrando la cubierta con un dibujo decorativo.

Consejo práctico: Puedes hacer copias en color del recetario para todos los miembros de la familia. Utiliza una impresora a color o llévalo a una imprenta profesional.

Recetario familiar para los niños

¿Les gusta a tus hijos cocinar y ayudarte en la cocina? ¿A menudo se sienten frustrados porque la mayoría de las comidas están fuera de su capacidad, incluso con la ayuda paterna? Sugiéreles que compilen un recetario familiar de recetas para niños.

Material necesario

- Hojas de papel para carpeta de anillas
- Bloc de notas de hojas sueltas
- Bolígrafo
- Rotuladores de colores

Procedimiento

1. Escribe las instrucciones para la preparación de aquellas recetas con las que tus hijos puedan pasar un buen rato elaborándolas y comiéndoselas. Pon una receta en cada página. Las recetas pueden consistir en algo

31

tan sencillo como bocadillos con una cara de zanahoria o tan complejas como por ejemplo hornear una tarta. Algunas recetas pueden aprendérselas de memoria, y otras consultarlas en el recetario o preguntarte qué deben hacer.

2. Di a los niños que hablen con sus primos y parientes para obtener más recetas infantiles. ¿Qué te parecerían unos tallos de apio rellenos de mermelada o crema de chocolate y pasas de Corinto? ¿Y unas galletas azucaradas? ¿Y unos perritos calientes envueltos en bacon? Anota cada receta en una hoja, asegurándote de incluir los ingredientes y las instrucciones para su preparación.

3. A medida que vayas acumulando más y más recetas, podrías dividir el libro en secciones, tales como bocadillos, postres, comidas calientes, cenas y otras tantas categorías como se te ocurran. También podrías clasificarlas por recetas sencillas y recetas más complejas, o recetas que necesitan cocción y otras que no.

4. Con uno o más rotuladores de colores, titula el recetario e incluye el nombre de los editores y colaboradores. Decóralo con dibujos o fotos divertidas de tus hijos en la cocina.

Consejo práctico: Los padres deberían supervisar detenidamente la preparación de las recetas, sobre todo las que impliquen el uso de cuchillos y electrodomésticos.

El libro de los juegos familiares

¿Habéis olvidado algunos de los mejores juegos con los que los miembros de la familia solían divertirse de niños? Reúnelos en un libro, anotando sus detalles. En lugar de comprar un libro de juegos que podría gustarte o no, escrito por alguien que no conoce a tu familia, ¡puedes confeccionar el tuyo! Si lo deseas, podrías completarlo con historias divertidas acerca de los juegos y lo que les ocurría a los miembros de la familia mientras jugaban.

Material necesario

- Papel, bolígrafo y rotuladores de punta fina
- Dos hojas de cartulina de color pálido y grapadora

Procedimiento

1. Reúne a la familia para confeccionar una lista de todos los juegos que les gustaban, incluyendo, si lo deseas, los juegos de mesa, pero haciendo un especial hincapié en los que no iban dentro de una caja o empaquetados. Los mejores juegos podrían ser los inventados. Solicita la colaboración de un par de secretarios para que tomen nota de los títulos y las reglas.
2. Pregunta a la familia si alguien recuerda alguna historia o anécdota curiosa asociada con cualquiera de los juegos. ¿Jugaban a las Sardinas cuando recibían la visita de los primos de Roma? ¿Recuerdan cómo el primo Andrés tenía alergia al heno y estornudaba cuando alguien se ocultaba detrás del cobertizo? Escribe todas las anécdotas o utiliza una grabadora y transcríbelas más tarde.

3. Sugiere a tus familiares que continúen cavilando sobre juegos y recuerdos, y solicita a los miembros de tu familia lejana que te manden más información por carta, e-mail o teléfono.
4. Cuando estés satisfecho con el número de juegos y recuerdos, llegará la hora de confeccionar el libro. Coloca un juego en cada página, anotando primero el título y las reglas, y luego añade cualquier historia relacionada con el mismo. Grapa las páginas o sujétalas con un clip. Si quieres, puedes dividir el libro en capítulos. Todo dependerá de su tamaño.
5. Diseña una cubierta de cartulina decorada con rotuladores de colores.
6. Haz copias del libro para las demás ramas familiares utilizando una fotocopiadora o una impresora de ordenador.

Consejo práctico: Un ordenador permite compilar y organizar el libro mucho más fácilmente.

El libro de los juegos familiares de viajes

¿Cómo se divierte y entretiene tu familia durante los viajes en coche? ¿Jugáis a geografía? ¿Contáis matrículas extranjeras, hacéis frases con las letras de las matrículas de los automóviles que pasan, contáis hasta cien de tres en tres o jugáis al «Veo, veo»? ¡Muestra al mundo lo creativo que eres confeccionando tu propio libro de juegos familiares de viajes! Cualquier familia de niños revoltosos y de padres que les tiran constantemente de las orejas o les dan un cachete (¿quién no suele hacerlo durante un largo viaje?) agradecerán tus sugerencias.

Material necesario

- Papel
- Bolígrafo (u ordenador o máquina de escribir)
- Cartulina
- Rotuladores de punta fina
- Grapadora

Procedimiento

1. Reúne a la familia para confeccionar una lista de todos los juegos a los que os gusta jugar en el coche. Pide a uno o dos miembros que tomen notas de los títulos y reglas.
2. Pídeles que sigan pensando en más juegos y escríbelos, o llámales por teléfono para solicitarles más información.
3. Anota o mecanografía instrucciones detalladas a partir de las notas. Tal vez quieras colocar un juego en cada página. Grapa todas las páginas.
4. Diseña dos cubiertas de cartulina y decóralas con rotuladores de colores.
5. Haz copias del libro para todas las personas que desees. Si lo has escrito de puño y letra o lo has mecanografiado, fotocopia las páginas, y si has utilizado un ordenador, imprímelas.
6. Además de dar una copia a los miembros de la familia, podrías venderlos en un pequeño puesto de limonada delante de tu casa.

Consejo práctico: ¡No olvides el libro cuando os vayáis de vacaciones!

Reliquias familiares

Muchas familias consideran muy valiosos los objetos y reliquias familiares, aun cuando su valor en términos de dinero sea mínimo, como por ejemplo un par de entradas de un concierto de Frank Sinatra en el que tu padre se declaró a tu madre. Por otro lado, el broche de diamantes de la bisabuela tiene un valor añadido, aunque ésta no es la única razón para conservarlo.

¿Por qué no organizar una celebración con el fin de transferir a tus hijos la propiedad de tan preciadas reliquias? Decidir quién se quedará con cada pieza puede ser difícil, y no pretendo ni mucho menos dar ningún consejo al respecto, pero cuando hayas encontrado una buena solución, la transferencia de objetos y recuerdos familiares puede constituir todo un acontecimiento.

Material necesario

- Piezas familiares con un valor especial que quieras regalar a los niños

Procedimiento

1. Decide las dimensiones que quieres otorgar a la ceremonia. A continuación encontrarás algunas sugerencias que puedes adaptar a tus necesidades.
2. Prepara una cena especial que preceda a la ceremonia, eligiendo una de tus viejas recetas favoritas para dar un mayor relieve a la ocasión.
3. Después de cenar, saca los álbumes familiares de fotos y busca fotografías de acontecimientos importantes relacionados con el objeto que te han regalado, o fotos de la bisabuela luciendo el broche, siempre que dispongas de ellas, claro está.

36

4. Saca también el álbum familiar de recortes y busca otros recuerdos asociados a cada reliquia.
5. Cuenta de nuevo aquellas historias o anécdotas que expliquen el valor especial de las reliquias.
6. Si ya te regalaron algún objeto familiar, cuenta cómo y cuándo fue. ¿Dijo algo especial la abuela cuando te confió la Biblia del abuelo? ¿Te explicó tía Margarita por qué te hizo entrega de la caña de pescar de tío Felipe?
7. Di unas palabras sobre la importancia de preservar el legado familiar.
8. Saca una foto de tu hijo con la reliquia en cuestión. Asimismo, puedes conservar el recuerdo de la ceremonia en una cinta de audio o vídeo.

Consejo práctico: Invita a todos los miembros de la familia a esta ceremonia tan especial e intenta que cada cual traiga algo.

La noche familiar de los recuerdos

Tanto si se trata de una ocasión habitual o espontánea en tu casa, es maravilloso evocar los recuerdos especiales que comparte tu familia. Las experiencias vividas servirán para que cada cual recuerde lo importante que es pertenecer a ella. Los niños dejarán durante un buen rato de discutir sobre quién tenía que sacar la basura y si Anita le quitó el juguete a su hermano pequeño; permanecerán sentados mientras escuchan los cálidos recuerdos familiares.

Material necesario

- Lugar familiar especial
- Palomitas de maíz o cualquier otro tentempié (opcional)
- Fuego en la chimenea (opcional)

Procedimiento

1. Reserva un lapso de tiempo para la reunión familiar, que se podría celebrar regularmente cada domingo por la noche, después de la *Reunión del consejo de familia* (p. 100) o el primer sábado del mes por la tarde. También puede ser una actividad espontánea.
2. Acondiciona un lugar confortable en el que nadie se queje de que la silla es demasiado incómoda.
3. Si lo deseas, prepara palomitas de maíz o cualquier otro tentempié, enciende un fuego en la chimenea y apaga el televisor.
4. Empieza a recordar. Sugiere a cada uno de tus hijos que comparta uno de sus recuerdos familiares favoritos, incluyendo, por ejemplo, unas vacaciones, el día en que os mudasteis a la nueva casa, la gran reunión familiar de hace dos años o el primer día de escuela. También puedes optar por estructurar menos la reunión y dejar que cada cual intervenga cuando lo desee y cuente lo que se le ocurra, en lugar de proponer un tema o pedir que los niños evoquen sus recuerdos por turno. Asegúrate de que todos tengan la oportunidad de contar una historia o anécdota.

Consejo práctico: Si alguno de tus hijos es muy tímido, podrías ayudarlo formulándole preguntas específicas.

La noche infantil de los recuerdos

Reúne a la familia cerca de la chimenea si es invierno o en el porche en verano, prepara palomitas de maíz y apaga el televisor. Es la gran noche infantil de los recuerdos, una ocasión ideal para evocar los buenos tiempos que pasaron cuando eran pequeños.

Material necesario

- Papel y bolígrafo; grabadora (opcional)

Procedimiento

1. Pide a todo el mundo, y en especial a los niños, que compartan sus recuerdos de la infancia con el resto de la familia. Cada uno de sus miembros debería, por turno, contar alguna anécdota para que todos pudieran escuchar y ser escuchados.
2. A ser posible, los recuerdos deberían implicar a toda la familia o por lo menos a alguien más además de quien está hablando.
3. Si quieres, graba las historias y mecanografíalas o escríbelas de puño y letra más tarde. Los recuerdos se desvanecen con suma rapidez. Así pues, es importante tomar nota de las valiosas anécdotas compartidas durante la noche infantil de los recuerdos para poder incluirlas en *Escribe la historia de la familia* (p. 27) o en la *Historia familiar ilustrada* (p. 28).

Consejo práctico: Elige una habitación, el jardín o un patio que propicie la narración de historias y anécdotas. Es importante que todo el mundo pueda oírlas con facilidad para que nadie se aburra.

Historias del pasado

Una noche a la semana, en lugar de leer uno de tus libros favoritos o de contar tu cuento de hadas preferido, comparte con tus hijos y los demás miembros de la familia algunas historias familiares. Pueden ser de hace varias generaciones o de tus hijos cuando eran pequeñines. Sea como fuere, incluye siempre anécdotas de los niños durante la infancia o cuando fueron algo mayorcitos.

Material necesario

- Recuerdos de experiencias familiares

Procedimiento

1. Reúne a tus hijos y cuéntales una o más historias familiares interesantes, como por ejemplo, una de la bisabuela Sarah y el pollo. Asimismo, también podrían estar relacionadas con experiencias más serias, como cuando el bisabuelo Federico cambió de nombre al llegar a América, pues quería empezar una nueva vida libre de las persecuciones de su país natal.
2. Varía las historias cada semana, incluyendo ocasionalmente algunas de tu propia infancia y de generaciones atrás, y no olvides las de tus hijos cuando eran pequeños.

Consejo práctico: Investiga un poco para descubrir sucesos relacionados con la familia que puedan despertar el interés de los niños.

Visita al pasado

¿Nacieron cerca de donde vives actualmente tu madre, tu padre, la abuela o el abuelo? ¿Tienes algún pariente que «regrese a casa» y ocasionalmente vaya de vacaciones allí de vez en cuando? Si es así, ésta es una actividad ideal para revivir historias y anécdotas familiares del pasado.

Es divertido para los niños imaginar a sus padres cuando eran pequeños yendo a la escuela, peleándose, quejándose de los maestros, sintiéndose incomprendidos por sus padres, etc., y aún puede resultar más emocionante para ellos familiarizarse con la infancia de papá y mamá conociendo los lugares en los que crecieron.

Material necesario

- Coche o transporte público (o avión o tren si es necesario)
- Lugares en los que crecieron los padres

Procedimiento

1. Mete a la familia en el coche y llévala hasta el lugar en el que creciste.
2. Complementa las escenas de tu infancia con datos históricos e historias personales. Cuéntales cosas tales como «Aquí es donde solía estar el tenderete de caramelos. Aún recuerdo cuando me llevé una barrita sin pagar. Mi padre –es decir, tu abuelo– me obligó a volver y a devolvérsela al señor Soriano, y me hizo trabajar para pagarla». O también «Aquí es donde le arrojé una bola de nieve a Cristina, pero fallé y le dio en la cabeza al cura». O tal vez «Aquí fue donde atropellaron al perrito de la señora Rodríguez. Lo recogí y corrí hasta el veterinario. Según me dijo, probablemente había salvado su vida al actuar con tanta

41

rapidez». Oír estas historias y saber dónde ocurrieron proporcionará a tus hijos profundos recuerdos de tu pasado y los ayudará a sentirse más estrechamente unidos a tu vida.

Consejo práctico: Procura aproximarte al máximo al lugar en el que sucedieron las escenas de tu infancia. Si es necesario, salid del coche y caminad.

Autopista hacia el pasado

Este juego es similar a la actividad anterior, pero dará resultado aunque los niños no tengan la oportunidad de estar físicamente en los lugares en los que crecieron sus padres. Asimismo, su participación será mucho más activa. Tendrán que desafiar a papá y mamá –¿no es divertido?– en un juego con el que se entretendrán durante todo el viaje.

Material necesario

- Coche

Procedimiento

1. Si es posible, conduce por carreteras secundarias en lugar de autopistas o carreteras nacionales. Es preferible disfrutar de más árboles y pueblecitos pequeños.
2. En primer lugar, sugiere a los niños que señalen todo lo que vean a lo largo del trayecto: un puesto de bomberos, un perro de gran tamaño, una fábrica, etc., y que lo nombren.

3. A continuación, uno de los padres deberá evocar algún recuerdo de su infancia relacionado con cada cosa, aunque lógicamente no tiene porqué estar asociado a este puesto de bomberos o fábrica en particular. Si uno de los padres es incapaz de contar una anécdota, será el turno del otro.
4. Si los dos no consiguen recordar nada, ganarán los niños. Como es natural, también saldrán ganando en el caso de que un padre cuente una historia, pues aprenderán más de su pasado.

Consejo práctico: De vez en cuando, si os quedáis sin anécdotas reales que contar, podríais recurrir a otras imaginarias o a experiencias vividas por vuestros amigos de la infancia.

Entrevistas familiares

Esta actividad es similar a Escribe la historia de la familia *(p. 27), que se centra principalmente en los hechos, como cuando el abuelo Tomás llegó a América o cuando papá y mamá se casaron. No obstante, toda historia familiar debe referirse a quienes están detrás de los hechos. Para ello, sugiere a tus hijos que entrevisten a sus mayores. Conversando, se enterarán de nuevas anécdotas que irán mucho más allá de los simples hechos que la familia ya conoce.*

Material necesario

- Bolígrafo y papel
- Grabadora, máquina de escribir u ordenador (opcional)

Procedimiento

1. Di a los niños que formulen a distintos parientes preguntas tales como las siguientes:

- ¿Cuáles eran tus juguetes favoritos?
- ¿Cómo se celebraban las festividades en tu familia cuando eras pequeño?
- ¿Cómo se celebraban los cumpleaños?
- ¿Cuál fue la fiesta de cumpleaños que más recuerdas?
- ¿Cuál era tu juego preferido?
- ¿Qué hacías por la noche antes de que existiera el televisor?
- ¿En qué se diferencia tu infancia de una típica infancia actual?
- ¿Jugabas al «truco o trato» en Halloween? ¿Te acuerdas de qué te disfrazabas?
- ¿Cómo ayudabas en las tareas domésticas?
- ¿En qué se diferencia tu escuela de las actuales?
- ¿Cómo pasabas los veranos?

2. Escribe las respuestas en un libro o bloc e inclúyelas en el libro de la historia familiar.

Consejo práctico: Asegúrate de confirmar que la información que han obtenido tus hijos se ajusta a la realidad. Si es necesario, coméntalo con los miembros de la familia.

Apodos

¿Cómo llamas a los miembros de tu familia además de por su nombre? (¡No los que les hacen enfadar!). ¿Llamas a tu hija por su nombre de pila o tal vez «galletita» o «cacahuete»? ¿Tus hijos os llaman papá y mamá o con algún nombre especial? Aunque los apodos para los padres son relativamente infrecuentes, los de los niños son mucho más habituales y suelen crear un clima muy especial.

El resto del mundo puede llamar «Abel» a tu hijo, pero llamándolo por su apodo exclusivo y especial de su familia se sentirá mucho más querido y mimado.

Material necesario

• Ninguno

Procedimiento

1. Ésta no suele ser una de tantas cosas que se acostumbran hacer sentándose y reflexionando («Hoy voy a elegir un apodo cariñoso para mis hijos»). Simplemente debes estar predispuesto a que surja espontáneamente, y cuando esto suceda, no temas utilizarlo. Un apodo, siempre que no ofenda a la otra persona, constituye otra forma de decir «Te quiero».

Consejo práctico: Asegúrate de que a tus hijos les gusta el apodo que has elegido. Algunos niños prefieren que se les llame siempre por su nombre de pila.

Lema familiar

Aunque el lema de tu Emblema familiar *(p. 61) probablemente consisti-rá en una sola palabra, también puedes tener un lema familiar más lar-go. El de mi madre, durante mi infancia, era «moderación». ¡Lo repetía tan a menudo que la acusé de ser inmoderada en el uso de esta palabra! Otras familias tienen proverbios más largos que han repetido con tanta frecuencia que al final se han convertido en lemas familiares de facto.*

¿Por qué no oficializarlo? Podría ser un refrán como por ejemplo: «Todo cuanto merece hacerse, merece hacerse bien» o «Nunca juzgues a otra persona hasta que te hayas puesto en su lugar», o cualquier otra frase que los miembros de tu familia utilicen constantemente.

Material necesario

- Papel blanco
- Bolígrafo o rotuladores de colores de punta fina
- Pegamento
- Cartón corriente o corrugado
- Cartulina de colores, pegamento y tijeras (opcional)
- Aguja e hilo para bordar (opcional)

Procedimiento

1. Primero reúne a la familia y elegid un lema. Tal vez discutáis un poco; decididlo por votación, si es necesario.
2. Imprime el lema en el centro de una hoja de papel en blanco, con el tipo de caligrafía (o fuente tipográfica si dispones de un ordenador) que desees.
3. Realiza un dibujo o cenefa alrededor del lema. Podrías recortar un

marco de cartulina de colores y pegarlo sobre la hoja. Si te inclinas por esta opción, deja un borde blanco alrededor de la hoja de papel para poder añadir el marco.

4. Una vez terminado el lema, cuélgalo en una pared de la sala de estar, pasillo, cocina o cualquier otro lugar apropiado.

5. Si quieres, puedes copiar el lema y bordarlo.

Consejo práctico: Procura que todos participen en la construcción del lema. Los más pequeños podrían recortar y pegar con la supervisión de los adultos.

Canción familiar

Si pasas los veranos en un campamento de colonias, es posible que hayas tenido que escribir y cantar varias canciones con tu equipo de compañeros. La mayoría de ellas tratan de la vida en el propio campamento. Deja que tus hijos compongan una canción divertida sobre la familia.

Material necesario

- Papel y bolígrafo o lápiz (para escribir la letra)
- Grabadora y cinta (opcional)

Procedimiento

1. Piensa en sucesos importantes que hayan ocurrido en la familia, tales como la avería del coche la primera vez que Pedro lo conducía tras haber obtenido el permiso de conducir, o cuando Aurora publicó un

47

cuento en el periódico local. Ten en cuenta también las anécdotas que suelen suceder a menudo y que vale la pena reseñar de una forma divertida, como por ejemplo, cuando Elisa agota toda el agua caliente del calentador cada vez que se lava el pelo, o los pasteles de mamá, que siempre quedan fatal.

2. Piensa en canciones populares que resulten apropiadas para el tema que hayas seleccionado. Por ejemplo, si has decidido escribir sobre lo difícil que es conseguir que Natalia se levante de la cama por la mañana, «Despierta mi niña» podría ser un título adecuado, y para una melodía relacionada con la manía de Roberto de servir siempre sopa cuando le toca preparar la cena, ¿por qué no ponerle «La sopita está llegando»?

3. Escribe tu propia letra de las canciones que hayas elegido, procurando que relaten en tono de humor el evento familiar en cuestión.

4. Si no se te ocurre ninguna melodía apropiada para un suceso determinado, prueba con cualquiera.

5. Escribe tantos versos como puedas para las diferentes canciones, bromeando sobre la mayor cantidad posible de anécdotas familiares.

6. Canta la canción con su correspondiente melodía y grábala en una cinta. Dentro de algunos años, cuando oigas la canción «Extraños en la noche», de Frank Sinatra, recordarás los versos que escribiste y aquella época en la que Marta lavó su camiseta roja con la ropa interior de papá, el cual no tuvo más remedio que llevar unos calzoncillos rosados durante el resto del año.

Consejo práctico: Ayuda a los más pequeños a seleccionar una melodía que acompañe su historia. Ayúdalos también a escribir la letra.

Poemas humorísticos

Sabes lo que es un poema humorístico, ¿verdad? Se trata de composiciones de cinco líneas conocidas por su contenido picaresco, aunque no todos son subiditos de tono. Os podéis divertir muchísimo recitando este tipo de poemas «light», limpios como una barra de jabón, y por favor, nada de mofa. Existe una gran diferencia entre reírse con los demás y reírse de ellos, o divertirse con ellos y burlarse de ellos.

Material necesario

- Papel y bolígrafo o lápiz

Procedimiento

1. Piensa en sucesos o circunstancias cómicas que hayan acontecido en tu familia. ¿Acaso Iván se pasaba todo el día delante del espejo intentado descubrir nuevos granitos de acné? ¿Se le quemó la carne a papá con ocasión de una barbacoa a la que invitasteis al jefe de mamá?
2. Escribe poemas humorísticos para conmemorar estos eventos, pero procura moderarte, manteniendo siempre un tono divertido.
3. El primer, segundo y quinto versos suelen tener la rima siguiente: da-da-DA-da-DA-da-da-DA, mientras que el tercero y el cuarto riman con un diferente sonido: da-da-DA-da-da-DA. Sea como fuere, se puede dejar sin rima uno o más versos y aun así resultar un buen poema humorístico.
4. Componedlos juntos o sugiere a cada miembro de la familia que escriba el suyo y luego comparad los resultados.
5. Leed los poemas en voz alta entre todos o a los miembros de la familia que no hayan participado en su composición. Veamos un ejemplo:

Mi abuelo se había sentado
porque estaba muy cansado.
¿En qué pensaba el abuelito?
¡Se le había muerto un cerdito
cuando era pequeñito!

Consejo práctico: Lee algún libro de poemas humorísticos para inspirarte. No tardarás en adquirir el sentido de la métrica y de la rima necesarios para componerlos.

Lenguaje secreto

La mayoría de la gente sabe un poco de latín, aunque lo cierto es que los lenguajes secretos son innumerables. ¿Qué te parecería que tu familia tuviera su propio lenguaje secreto? ¿No te sentirías especial por el hecho de compartir algo que pertenece exclusivamente a los tuyos y a nadie más? Siéntate con ellos y juntos elaborad un lenguaje particular.

Material necesario

* Ninguno

Procedimiento

1. La mayoría de los lenguajes secretos, como el latín más o menos chapurreado, se forman añadiendo una sílaba extra a cada palabra, cambiando sistemáticamente de sitio una sílaba o modificando el sonido inicial de cada palabra o sílaba. Pero tu lenguaje secreto no tiene por

qué ser así. Vale cualquiera que elijas. Primero decide cómo vas a crearlo.

2. Enseña la técnica del lenguaje al resto de la familia.

3. Practica constantemente.

4. No expliques la técnica a nadie que no pertenezca al núcleo familiar. A tus hijos les encantará formar parte de una familia tan especial y «secreta».

5. Si algunos de los vocablos de tu lenguaje secreto tienen su raíz en el lenguaje cotidiano, escríbelos en el *Diccionario familiar* (p. 120).

Consejo práctico: Al principio, todo lenguaje secreto puede resultar difícil, pero practicando, practicando y practicando acabarás hablándolo bastante bien.

«¿Quién soy?»

Los padres desean que sus hijos conozcan muchísimas cosas acerca de su familia, y a éstos les encanta conocerlas, sobre todo cuando el aprendizaje es divertido, pero les disgusta sentirse como si estuvieran en la escuela cuando están en casa.

«¿Quién soy?» constituye un juego excelente para fomentar el conocimiento familiar. En su versión original, se sujeta con un alfiler imperdible en la espalda de cada jugador el nombre de un personaje famoso, y luego, cada cual tiene que descubrirlo formulando preguntas de «sí o no». Pero en esta versión familiar, lo que se sujeta en la espalda de cada niño es el nombre de uno de los miembros de la familia.

Material necesario

- Papel
- Bolígrafo o lápiz
- Alfileres imperdibles
- Tijeras

Procedimiento

1. Recorta tiras de papel de 5 cm de alto por 13 cm de ancho (no tienen por qué ser exactas). Da una tira de papel, un imperdible y un bolígrafo o lápiz a cada jugador.
2. Decide de antemano qué nombre llevará cada cual en la espalda.
3. Cada jugador escribirá el nombre de un miembro de la familia en una hoja de papel, incluyendo a los parientes (tías, tíos, primos, abuelos, etc.), además de la familia próxima. A continuación, cada jugador colocará dicho nombre en la espalda de otro jugador. Nadie sabrá el nombre que le han colocado, aunque podrá ver el de los demás.
4. Los jugadores formularán preguntas de «sí o no» para intentar adivinar «quiénes son». Entre las preguntas podrían figurar las siguientes: «¿Vivo en esta casa?», «¿Soy de nuestra generación?», «¿Vivo en Barcelona?», «¿Soy un varón?», «¿Tengo alguna mascota?», «¿Tengo cuatro hijos?», «¿Soy la tía Adela?», etc.
5. Decide cuántas oportunidades tiene cada jugador para adivinar su identidad secreta (una o dos oportunidades, y si el jugador no consigue adivinarla, queda eliminado, etc.).
6. Veamos a continuación cuatro tipos de reglas para formular las preguntas. Algunas son más competitivas que otras. Elige las que se adapten mejor a tu familia:

   - Asegúrate de que todos tienen una oportunidad de formular como mínimo una pregunta. Luego, cada jugador deberá intentar adivinar cuál es su identidad secreta. Si nadie lo adivina, empezad una siguiente ronda de preguntas. Cada jugador que logre adivinarla pasa a una ronda final, pero quien no lo consiga queda eliminado. Es a todo o nada. A quienes se hayan clasificado para la final se les asignará una nueva identidad, repitiéndose el proceso hasta que haya un ganador.

- Cada jugador formula una pregunta hasta que todos o nadie haya adivinado la respuesta correcta. El jugador que haya respondido correctamente con el menor número de preguntas es el ganador. Con este método, en el caso de que hayan adivinado el nombre secreto en el mismo turno, pueden resultar ganadores dos o más jugadores. En tal caso, puedes dar una o más oportunidades adicionales hasta que sólo quede uno, el ganador final.
- Cada jugador formula cinco (o siete, diez o doce) preguntas. Si es capaz de adivinar quién es con ese número de preguntas, gana –siempre que al principio no lo haya identificado incorrectamente–. En teoría, todos pueden ganar.
- Cada jugador formula cuantas preguntas desee hasta adivinar o no su identidad. Si lo consigue, gana. Al igual que en el caso anterior, todos pueden resultar ganadores.

Consejo práctico: A los niños más pequeños dales más oportunidades para adivinar su respectiva identidad.

Versión familiar del Trivial Pursuit

Otro juego que fomenta el conocimiento y el orgullo familiar es una versión del Trivial Pursuit. Para ello necesitarás un tablero de Trivial y fichas para jugar, pero en lugar de las cartas que vienen con el juego, con-

feccionarás las tuyas propias. Si un jugador redacta todas las preguntas, no podrá participar en el juego, pero si son todos los miembros de la familia quienes aportan unas cuantas y cada jugador marca las cartas que ha redactado con sus iniciales, podrá jugar toda la familia.

Material necesario

- Tablero del Trivial Pursuit
- Fichas de archivo
- Bolígrafos

Procedimiento

1. En lugar de las categorías ordinarias del Trivial Pursuit, crea las tuyas, que dependerán del tamaño de la familia y del conocimiento que tengan los niños de la familia, tanto próxima como lejana. Podrías incluir las siguientes: Primos, Mascotas, Ancestros, Empleos, Historia familiar, Acontecimientos importantes, Vacaciones familiares, Vacaciones de verano, ¿Qué relación nos une? y ¿Dónde vivo? Identifica con un color cada categoría tomando como referencia los del tablero del Trivial.

2. Cada jugador cogerá diez fichas de archivo (o más, si los niños son mayorcitos) y escribirá una pregunta, haciendo constar sus iniciales en una cara y la respuesta en la otra. Las preguntas deberían estar relacionadas con la familia y ajustarse a las categorías elegidas. Usa estas cartas en lugar de las que vienen con el juego.

3. Para jugar, limítate a seguir las reglas del juego estándar. Si le toca a Sonia que le formulen una pregunta y la carta superior del mazo lleva sus iniciales, seleccionará la siguiente que esté escrita por otro jugador.

Consejo práctico: Ayuda a los niños pequeños a redactar preguntas que pertenezcan a cada categoría si tienen algún problema.

En busca de nuevos conocimientos

Para jugar a este juego sobre conocimientos familiares no hace falta disponer de un Trivial Pursuit (p. 53). Utiliza un tablero de cualquier juego en el que se puedan mover las fichas alrededor de un círculo o un cuadrado, añade unos cuantos ingredientes especiales y dispondrás de cuanto necesitas para disfrutar de un juego muy divertido que ayudará a los niños a conocer más cosas acerca de la historia familiar.

Material necesario

- Cualquier tablero de juego cuadrado o circular con casillas para mover fichas desde la salida hasta la meta
- Una ficha para cada jugador
- Dado
- Fichas de archivo y bolígrafos
- Mazo de cartas de confección casera con preguntas sobre la familia

Procedimiento

1. Cada jugador cogerá diez fichas de archivo (o más, si los niños son mayorcitos) y escribirá una pregunta, haciendo constar sus iniciales en una cara y la respuesta en la otra. Veamos algunos ejemplos: «¿Cómo se llamaba el campamento de verano al que fue mamá cuando era pequeña?», «¿Cómo se llamaba el sabueso de tía Eduvigis?», «¿En qué colegio se graduó Nuria?», «¿Cuántas medallas ganó el primo Fabián en atletismo?», etc.
2. Reúne las cartas y barájalas.

3. Todos los jugadores tirarán el dado a la vez, y el número más alto saldrá el primero. El juego se desarrollará siguiendo la dirección de las agujas del reloj.

4. El jugador número uno tirará de nuevo el dado, cogerá una carta e intentará responder a la pregunta. Si selecciona una con sus iniciales, cogerá la siguiente hasta que encuentre una que haya sido redactada por otro jugador.

5. Si responde correctamente a la pregunta, moverá la ficha el número de espacios indicado por el dado. Si falla, continuará en la misma casilla.

6. Los jugadores tirarán el dado por turnos. Si lo deseas, puedes premiar las respuestas acertadas con un turno extra.

7. El primer jugador que llegue a la meta, gana. También podrías imponer la regla de sacar el número exacto para llegar a la meta.

Consejo práctico: Ayuda a los niños pequeños formulándoles preguntas fáciles. Incluso podrías confeccionar un mazo de cartas especial sólo para ellos.

Código secreto

Si aun después de haber realizado las actividades de las páginas anteriores y de todos tus esfuerzos para aprender nuevas cosas acerca de la historia familiar sigue sin entusiasmarles la idea, procura que el aprendizaje sea divertido y emocionante al mismo tiempo codificando la información. Los niños deberán descifrarla.

Material necesario

- Papel y bolígrafos o lápices

Procedimiento

1. Crea una clave para codificar y decodificar información. En primer lugar, escribe el abecedario en el orden habitual. Luego, encima o debajo de cada letra, escribe una letra diferente del abecedario. Un método muy simple consiste en dar un «pasito adelante», es decir, asignar a cada letra la siguiente (A = B, B = C, C = D, etc.). Si quieres complicarlo un poco más, podrías establecer varios pasos entre letra y letra (A = G, B = H, C = I, etc.). En un código aleatorio, no existe método regular alguno para asignar las letras, aunque sólo deberás utilizar una vez cada letra codificada.

2. Después de haber seleccionado la clave, usa pequeños fragmentos de información familiar para codificarlos, como por ejemplo: «El abuelo Arturo llegó desde Argentina cuando tenía siete años», «El primer perrito de mamá se llamaba «Manchas»», «La tía Iris trabajó en una fábrica de fuegos artificiales», etc.

3. Proporciona la clave y los mensajes codificados a tus hijos.

4. El mero hecho de decodificar «información secreta» debería resultar lo bastante divertido para ellos, aunque puedes despertar aun más si cabe su interés ofreciéndoles un pequeño premio al que consiga decodificar correctamente cada mensaje.

5. A los niños mayorcitos, o aquéllos a los que les gusten los retos, puedes proporcionarles mensajes sin clave, para que tengan que encontrarla antes de descifrarlos. Si quieres, puedes decodificar una palabra a modo de ejemplo.

Consejo práctico: No compliques demasiado los códigos, pues corres el riesgo de que tus hijos se aburran. Recuerda que el objetivo es que pasen un buen rato mientras aprenden cosas acerca de la familia.

Actividades manuales familiares

Emblema familiar o escudo de armas

El emblema familiar muestra el orgullo que siente la familia por su historia y sus valores. Durante siglos, los reyes, caballeros y otros miembros de la nobleza han exhibido sus emblemas en sus banderas, escudos y castillos. ¡Tal vez no tengas un castillo!, pero por lo menos puedes diseñar un emblema para tu «noble» familia, y lo puedes hacer de muy diversas formas, todas ellas muy divertidas.

Material necesario

- Papel
- Rotuladores de punta fina o lápices de colores (opcional)

Procedimiento

1. Elige un lema corto para poner en el emblema. Podría ser algo significativo para tu familia, como por ejemplo, «Verdad» o «Inténtalo de nuevo».
2. Selecciona unos cuantos dibujos para el emblema, que deberían ilustrar objetos importantes para tu familia. ¿Acaso el abuelo consiguió amasar una fortuna en su fábrica? Dibuja las chimeneas. ¿Se vuelve loca tu familia por los animales? Muestra tus mascotas. ¿Tu jardín es el más hermoso del vecindario? Dibuja algunas plantas.
3. Diseña la forma del emblema (escudo, quizá), divídelo en secciones para los dibujos y el lema. A continuación, inserta el lema y los dibujos en el espacio apropiado. Veamos tres formatos a modo de ejemplo: (a) Un dibujo ocupa todo el emblema excepto la base, donde se lee el lema; (b) Divide el escudo en cuatro secciones, colocando el lema en

una de ellas y un dibujo en cada una de las tres restantes; (c) Divide el emblema en cinco secciones: cuatro cuadrados y una tira en la parte superior o en el centro. El lema figurará en la tira, y los dibujos en los cuatro cuadrados.

4. Podrías utilizar el emblema familiar de una de las siguientes formas: colgándolo en el recibidor o en la sala de estar; escanearlo en el ordenador para usarlo a modo de salvapantallas; reproducirlo en la cubierta de un *Recetario familiar* (p. 30) o de la *Historia familiar ilustrada* (p. 28); usarlo en el *Papel de cartas familiar* (p. 77); incluirlo en la *Bandera familiar* (p. 62); o pintarlo en el *Buzón familiar* (p. 74).

Consejo práctico: Sugiere a tus hijos que voten cuál es el lema que más les gusta y anímalos a que hagan dibujos para ilustrar el emblema.

Bandera familiar

Todos los países tienen una bandera que se exhibe como símbolo del orgullo nacional. ¿Por qué no puede también tener una tu familia? Podrías incorporar el Emblema familiar o escudo de armas *(p. 61), los colores familiares, dibujos de los miembros de la familia, etc. Cuélgala en la fachada principal de tu casa o en cualquier otro lugar que te parezca apropiado.*

Material necesario

- Retal grande y rectangular de lona blanca
- Rotuladores de colores de punta fina y escritura permanente
- Pegamento
- Asta larga y robusta (palo de una escoba o de una mopa)

Procedimiento

1. Pide a cada miembro de la familia que confeccione un diseño para la bandera y luego reuníos y comparad las ideas, seleccionando los mejores para incorporarlos en el diseño final.
2. Si en la familia hay alguien con un talento especial, sugiérele que confecciones la bandera dibujando el diseño elegido en las dos caras de una lona blanca, utilizando los colores seleccionados.
3. Pega el borde de la bandera a un asta (palo de escoba o de mopa).
4. Exhibe la bandera clavando el palo de escoba en el suelo o empleando un accesorio especial para sujetar banderas.

Consejo práctico: Todos podéis contribuir en este proyecto. El diseñador que hayáis elegido puede incorporar los dibujos presentados en forma de collage.

Tótem familiar

Los tótems tienen sus orígenes hace más de doscientos años entre las culturas costeras de los nativos americanos en lo que hoy es la Columbia Británica y Alaska. Entre estas culturas, la conexión entre los animales representados en un tótem y la familia a la que pertenecía era muy importante. Tu tótem familiar puede continuar esta tradición del simbolismo y el orgullo de la familia. Colócalo en un lugar prominente de la casa.

Material necesario

• Lata muy grande y cilíndrica o cualquier otro recipiente de esta forma, uno para cada miembro de la familia (procura que todos sean iguales)

- Pegamento, cartulina, rotuladores de punta fina, ceras, pintura
- Fotografías familiares, plumas, conchas u otros objetos decorativos (opcional)

Procedimiento

1. Cada miembro de la familia decorará su lata o recipiente cilíndrico según su gusto personal. El producto final debería ser la expresión de su carácter y temperamento. Tal vez quieras seguir la tradición de los nativos americanos del noroeste, que utilizaban un animal como espíritu místico del tótem para cada persona. Así, por ejemplo, podrías combinar la laboriosidad del castor, la lealtad del perro y la fuerza del caballo o del oso.
2. Las alternativas decorativas son prácticamente ilimitadas. Podrías hacer dibujos en el papel y pegarlos en los recipientes; pegar fotos en el papel o directamente en la lata; confeccionar unas alas de cartulina para prolongar la forma del recipiente; o diseñar unos rasgos faciales en una cartulina. Usa tu imaginación.
3. Coloca piedras u otros objetos pesados en el fondo de la lata o recipiente cilíndrico para conferir una mayor estabilidad al tótem. La arena también da buenos resultados, aunque ensucia mucho más si se derrama.
4. Apila las latas o recipientes decorados y pégalos.
5. Si lo deseas, utiliza tiras de cartulina para cubrir las juntas, y añade rayas de colores al diseño.

Consejo práctico: Sella bien las latas al construir el tótem. De este modo evitarás que se caigan y lastimen a alguien.

Falda simbólica familiar

Aunque la confección de faldas simbólicas es un arte que requiere una considerable destreza, puedes diseñar una sin necesidad de ser un artesano especialista. Este proyecto rápido y sencillo es ideal para los niños, y el producto final puede dar un atractivo toque decorativo a una colcha, tapiz o mantel.

Material necesario

- Toalla, sábana o tela similar para usar a modo de forro. Su tamaño dependerá de cuál sea el destino que le quieras dar a la falda
- Telas de múltiples colores
- Tijeras
- Aguja e hilo

Procedimiento

1. Decidid juntos el diseño de la falda simbólica familiar. Podríais reproducirlo en la bandera o emblema familiar, o incluso utilizar los mismos colores para crear un diseño diferente.
2. Corta la tela a tiras, círculos, cuadrados o en cualquier otra forma que se ajuste al diseño que pretendes hacer.
3. Distribuye los retales de tela sobre la tela del forro, formando el diseño elegido.
4. Cose la tela al forro. Si quieres hacer un tapiz para colgarlo en la pared, usa unas toallas o tiras anchas de sábana. Si tienes que cortar una sábana, haz un dobladillo en los bordes deshilachados antes de coser los pedacitos de tela del diseño, y si prefieres que la falda sirva de col-

cha, necesitarás una sábana entera o una tela de tamaño similar a modo de forro.

Consejo práctico: Si dejas que los niños utilicen agujas de coser, vigílalos atentamente.

Falda nostálgica familiar

Algunas faldas simbólicas exhiben diseños tradicionales, mientras que otras captan importantes momentos familiares. A diferencia de la Falda simbólica familiar *(p. 65), la falda nostálgica preserva imágenes de algunos de los tiempos más felices de la familia. Aunque lleva tiempo confeccionarla, es ideal para perpetuar los recuerdos de generación en generación.*

Material necesario

- Camisetas viejas o sudaderas con logos o diseños significativos, tales como camisetas escolares o de recuerdo de algún viaje familiar
- Retales de tela o de ropa vieja que contengan diseños significativos para tu familia
- Tijeras
- Agujas e hilo
- Toalla, paño de cocina o sábana, dependiendo del tamaño deseado

Procedimiento

1. Recorta con cuidado los diseños, palabras o logotipos que desees preservar de viejas camisetas o sudaderas. Luego corta varios retazos de tela de dimensiones similares de otras prendas de vestir que contengan un mensaje familiar importante.
2. Distribuye las distintas piezas de tela que has recortado sobre el forro hasta que te satisfaga el diseño.
3. Cose las piezas recortadas al forro. Si es necesario, consulta algún libro especializado en confección de faldas simbólicas en la biblioteca local o en una librería para conocer los diferentes estilos de cosido que podrías utilizar.
4. Si vas a colgar la falda simbólica de la pared, a modo de tapiz, tal vez quieras enmarcarla.

Consejo práctico: Si dejas que los niños utilicen agujas de coser, vigílalos atentamente.

Camisetas familiares

Sin duda habrás visto familias que han llevado camisetas o sudaderas a imprimir con temas familiares. Con frecuencia, dicen cosas tales como «Reunión familiar de los Guix». Pero no hay por qué esperar a que acontezca un gran evento para confeccionar una camiseta familiar. Esta divertida actividad permitirá a tus hijos exhibir con orgullo su pertenencia a tu familia donde quiera que vayan.

Material necesario

- Camiseta, sudadera o suéter de cuello de cisne para cada miembro de la familia
- Tela de múltiples colores
- Agujas e hilo
- Tijeras

Procedimiento

1. Elige un diseño para tus camisetas, procurando combinarlo con los colores de tu bandera o emblema familiar. También puedes incluir palabras tales como «Familia Pérez» en la cara frontal.
2. Corta varias tiras de tela y cóselas en las camisetas siguiendo el diseño seleccionado.
3. También podrías considerar la posibilidad de utilizar pinturas de colores especiales para tela.
4. Luce las camisetas con gallardía.

Consejo práctico: Si dejas que los niños utilicen agujas de coser, vigílalos atentamente.

Gorras familiares

Ahora que ya tienes una Camiseta familiar *(p. 67), ¡sería absurdo llevarla sin una buena gorra! Así pues, necesitas una gorrita especial que combine a las mil maravillas con la camiseta. ¡Lúcela con altanería!*

Material necesario

* Gorra de visera lisa para cada miembro de la familia
* Rotuladores de punta fina y tinta permanente o pintura especial para tela
* Pins y botones.

Procedimiento

1. Elige una gorra de visera barata para cada uno de los miembros de la familia. Es preferible que sea de un color neutro, lo más pálido posible, para que la tinta del rotulador destaque fácilmente.
2. Sugiere a cada cual que decore con rotuladores la cara superior de la visera, eligiendo su propio diseño, pero con los mismos colores. A ser posible, deberíais emplear los que utilizasteis para confeccionar las *Camisetas familiares* (p. 67), incluyendo el primer apellido de la familia.
3. Si vas a usar pintura especial para tela, sigue las instrucciones que figuran en el bote y déjala secar completamente antes de utilizarla.
4. Inserta también el apellido familiar en la parte trasera de la gorra, formando un arco.
5. Con los años, podéis ir personalizando las gorras, decorándolas con pins o recuerdos que hayáis adquirido en vacaciones, en una feria ambulante, etc. Estas gorras simbolizarán el orgullo familiar, al tiempo que expresan la individualidad y las experiencias personales de cada miembro de la familia.

Consejo práctico: ¡No olvides llevártela de vacaciones!

Calendario familiar

Un calendario familiar muestra las fechas importantes relacionadas con uno o más miembros de la familia. Te ayudará a planificar y organizar tus actividades. Por lo demás, confeccionarlo resulta muy divertido.

Material necesario

- Doce hojas de cartulina
- Punzón, lápiz, regla y pegamento
- Dos trozos de hilo de 30 cm de longitud
- Rotuladores de punta fina o lápices de colores
- Chincheta para colgar el calendario

Procedimiento

1. Coloca una hoja de cartulina apaisada, practica dos orificios con un punzón en la parte superior (por el lado largo de la hoja). Cada orificio debería estar situado a un tercio de cada borde corto.
2. Utiliza esta hoja a modo de guía y practica otros tantos orificios en cada una de las demás hojas de cartulina.
3. Manteniendo siempre los orificios en la parte superior de las hojas, dibuja las casillas de un calendario en cada página. Usa una regla para hacer las líneas rectas y luego resíguelas con un rotulador o un lápiz de color.
4. Escribe el nombre del mes sobre la rejilla de casillas y coloca los números en los cuadrados correspondientes. Utiliza un calendario comercial a modo de guía, para saber en qué día de la semana empieza cada mes. También puedes emplear un lápiz o un rotulador de colores diferentes para cada mes.

5. Haz un pequeño dibujo en cada página.
6. Ordena las páginas y colócalas de manera que coincidan los orificios. Pasa un trozo de hilo a través de los orificios del lado izquierdo y otro a través de los del lado derecho. Anuda los hilos. Procura que sean lo bastante largos como para poder volver las páginas con facilidad y que quede mucho espacio para colgarlo.
7. Anota regularmente en el calendario todos los eventos que se te ocurran, utilizando un lápiz para que se pueda borrar en caso de que cambien las circunstancias.
8. Cuelga el calendario con una chincheta.

Consejo práctico: Anima a los niños a hacer dibujos en cada página del calendario.

Calendario individual

Es posible que cada miembro de la familia quiera tener un calendario especial en su dormitorio. En tal caso, bastará con seguir las instrucciones correspondientes a la confección del Calendario familiar *(p. 70) o utilizar las que figuran a continuación.*

Material necesario

- Calendario comercial de un banco, compañía de seguros o empresa
- Trece hojas de cartulina blanca (el papel de impresora es demasiado fino) o una hoja de cartulina blanca o de un color pálido y doce dibujos horizontales
- Pintura, lápices de colores o rotuladores de punta fina

- Pegamento o cinta adhesiva de doble cara
- Punzón

Procedimiento

1. Utiliza una hoja de cartulina para confeccionar la cubierta del calendario. Podría decir algo así como «Calendario de Alfonso Ruano» o «Marta Losada, 2003». Decórala con una fotografía o diseño.
2. Pega la foto o diseño en la parte superior de la cubierta del calendario.
3. Si no dispones de doce fotos apaisadas que te gusten, sustitúyelas por otros tantos dibujos.
4. Pega cada dibujo sobre las doce fotos que ya figuran en el calendario, con pegamento o cinta adhesiva de doble cara.
5. Alinea un orificio de punzón con el orificio situado en cada página y practica un nuevo orificio para poder colgar el calendario.
6. Haz una lista de fechas importantes, empezando por los cumpleaños de los miembros de la familia (padres, abuelos, etc.). Más adelante, puedes incluir desde la fecha de las visitas al dentista hasta las citas con tus amigos y los viajes familiares.

Consejo práctico: Cuelga el calendario en un lugar destacado: en tu dormitorio, en la cocina, en el cuarto de juegos, etc. Cualquier lugar es bueno si resulta visible.

Calendario de cumpleaños

«Esther, ¿te acordaste de mandar una tarjeta de felicitación al abuelo?»

«¿Cuándo es su cumpleaños?»

Tal vez te resulte familiar esta conversación. Pues bien, una buena forma de evitar la premura de último minuto corriendo hasta la librería más próxima consiste en asegurarse de que Esther sabe cuándo se celebran los cumpleaños con la suficiente antelación. Debería disponer de un calendario que indicara los cumpleaños de todos cuantos componen la familia (no sólo los aniversarios, sino también cualquier otra ocasión digna de celebrar). Puedes comprar un calendario estándar en cualquier papelería, un calendario comercial de una compañía de seguros o uno confeccionado por tus hijos.

A los niños les encanta recibir tarjetas de felicitación en su cumpleaños. El primo Juan, el tío José y la abuelita Carmen no son diferentes.

Material necesario

- Calendario (de confección casera o comercial)
- Bolígrafo

Procedimiento

1. Si no tienes ningún calendario comercial y no te apetece comprar uno, anima a tus hijos a confeccionar un calendario casero.
2. Dales una lista de las fechas de nacimiento, aniversarios y otras ocasiones significativas de todos los miembros de la familia, y sugiéreles que las anoten en las correspondientes casillas del calendario.

3. Recuérdales que consulten el calendario con regularidad para saber cuáles son las celebraciones más próximas, y diles que envíen una tarjeta de felicitación con la suficiente antelación.
4. Quizá tus hijos deseen incluir también el cumpleaños de sus amigos.

Consejo práctico: El calendario se puede personalizar con dibujos, esbozos, poemas, etc. Si careces de una memoria privilegiada, el calendario te ayudará a recordarlo todo.

Buzón familiar

¿Cuántas veces extravías las circulares de la escuela, la correspondencia importante y otros documentos? Confecciona un buzón familiar para que todos sepan siempre dónde buscarlos.

Material necesario

- Una caja de zapatos sin tapa para cada miembro de la familia
- Pintura de diferentes colores (incluye la pintura blanca o de otro color pálido) y pincel
- Periódicos para proteger la superficie de trabajo

Procedimiento

1. Extiende papel de periódico para proteger la superficie de trabajo.
2. Usa una caja de zapatos sin tapa para cada miembro de la familia.
3. Pinta el exterior de la caja con pintura blanca o de un color pálido. Si lo deseas, también puedes pintar el interior.

4. En un extremo de cada caja pinta el nombre de cada miembro para personalizar el buzón.
5. Pinta un diseño o un dibujo en las otras tres caras de la caja de zapatos, y tal vez en la cara en la que figura el nombre.
6. Cuando la pintura esté seca, coloca la caja en un lugar central, como por ejemplo, la encimera de la cocina, una mesa en el recibidor o un estante en la sala de estar.
7. Si tienes correo, un mensaje o cualquier otra cosa para algún miembro de la familia, ponlo en su buzón correspondiente. Ahora, todo el mundo sabrá dónde tiene que buscar su correspondencia, los mensajes de otros miembros de la familia, las notas de las llamadas telefónicas, etc.

Consejo práctico: Anima a tus hijos a pintar su propia caja de zapatos.

Central de mensajes familiar

Además del buzón familiar, puedes crear una central de mensajes para mejorar la comunicación entre los miembros de la familia. De este modo, todos sabrán dónde poner y buscar los números de teléfono, memorándums y la lista de la compra.

Material necesario

- Plancha de corcho de 60×30 cm
- Tachuelas, tijeras, martillo, clavos, bolígrafo o lápiz

- Cinta de colores larga y ancha como la plancha de corcho. Multiplica la longitud de la cinta por el número de miembros de la familia. Esto significa que para una plancha de 60 cm en una familia de cuatro miembros necesitarías 2,40 m de cinta
- Rotuladores de colores
- Bloc de notas de 8 × 13 cm

Procedimiento

1. Clava el tablón de corcho en una pared.
2. Corta la cinta en tiras de la misma longitud o anchura de la plancha, tantas como miembros haya en la familia.
3. Divide la plancha de corcho en secciones aproximadamente iguales, una para cada uno de los miembros de la familia y otra más para toda la familia. Para ello deberás clavar la cinta con tachuelas, en líneas rectas verticales u horizontales, hasta crear el número apropiado de secciones en el tablón.
4. Diseña una etiqueta para el nombre de cada sección. Utiliza una hoja de papel de 8 × 13 cm para cada etiqueta y deja que cada cual escriba su nombre y la decore como se le antoje. Clava la etiqueta en la parte superior o izquierda de cada sección.
5. Deja un bloc de notas y un bolígrafo o lápiz junto a la central de mensajes y coloca varias tachuelas clavadas en cada sección.
6. Cuando alguien tenga que dejar un mensaje a otra persona, lo escribirá en una hojita de papel y la clavará en la sección correspondiente del tablón. También puedes incluir los mensajes telefónicos.

Consejo práctico: Coloca la central de mensajes en un lugar de paso.

Papel de cartas familiar

No hay nada como el papel de cartas personalizado para añadir un toque de distinción al correo. Puede contener el nombre de todos los miembros de la familia, lo cual es ideal para la correspondencia dirigida a los parientes y amigos, y lo mejor es que no tendrás que pagar una fortuna encargándolo en una imprenta.

Si dispones de un ordenador y un escáner, te resultará muy fácil confeccionar papel de cartas familiar. Pero si no estás en disposición de hacerlo o quieres invertir algún tiempo en la creación de la correspondencia personalizada a la antigua usanza, este proyecto es ideal para ti.

Material necesario

- Hoja de papel blanco de 30 × 21 cm (DIN A4)
- Bolígrafo negro o de un color oscuro y pegamento
- Máquina de escribir u ordenador y fotocopiadora (opcional)

Procedimiento

1. En primer lugar, diseña el prototipo original del papel de cartas. Mecanografía el nombre y la dirección en la parte superior de la hoja de papel. Tal vez quieras centrarlo, lo cual resulta más sencillo con un ordenador, aunque también se puede hacer con una máquina de escribir.

2. Si lo deseas, puedes añadir el lema familiar debajo de la dirección o en un lado de la hoja.

3. Asimismo, podrías incluir el *Emblema familiar o escudo de armas* (p. 61) en un lado de la hoja o encima de tu nombre. Lo puedes dibujar directamente en el papel de cartas o fotocopiarlo y pegarlo.

4. Una vez completado el modelo, haz copias del mismo, ya sea fotocopiando la hoja o llevándolo a una imprenta comercial. Considera la posibilidad de hacer las copias en papel de colores en lugar de blanco (tal vez un elegante marfil o azul celeste).
5. Ahora, siempre que un miembro de la familia escriba una carta a un amigo o pariente podrá utilizar el papel de correspondencia familiar.

Consejo práctico: Algunas imprentas disponen de ordenadores que puedes utilizar por un precio razonable.

Agenda de teléfonos familiar

Guarda todas aquellas direcciones y números de teléfono importantes en una agenda familiar. ¿Acaso Tomás necesita saber la dirección de tía Clara para enviarle una nota de agradecimiento? ¿Tal vez a mamá le hace falta la dirección de Sandra, la amiga de Marcia, para saber dónde tiene que recoger a su hija el miércoles? ¿Necesita llamar a la biblioteca Joaquín? Toda esta información puede estar al alcance de tu mano con este sencillo proyecto familiar.

Material necesario

- Pequeño bloc de notas de hojas sueltas
- Etiquetas para el separador alfabético
- Rotulador de colores
- Bolígrafo

Procedimiento

1. Con un rotulador de colores escribe el nombre de tu familia y «Agenda de teléfonos y direcciones» en la cubierta del bloc.
2. Pega las etiquetas con las letras en las respectivas hojas del separador alfabético e insértalas en la agenda.
3. Deja unas cuantas hojas en blanco detrás de cada página de separación.
4. Anota en cada página los nombres, números de teléfono, direcciones y otra información importante. Probablemente te cabrán entre dos y cuatro columnas por página, dependiendo del tamaño del bloc de notas que hayas comprado, de la letra que hagas y de la cantidad de información que introduzcas.
5. También podrías incluir otro tipo de información además de la dirección y el número de teléfono. Para los amigos de tus hijos puedes hacer constar el nombre de sus padres, por ejemplo, y para el trabajo y la biblioteca sería interesante anotar el horario de apertura y cierre.
6. Quizá quieras ordenar alfabéticamente los nombres de los amigos de los niños por su nombre de pila. También podrías incluir el dentista en la «D» y el médico en la «M», lo cual puede resultar extremadamente útil para la canguro, que podría localizar el número de teléfono del doctor aun sin conocer su nombre. Asimismo, la abuelita debería figurar en la «A», etc.

Consejo práctico: A medida que la información quede obsoleta, elimina las páginas que ya no necesites y añade otras nuevas.

Galería de arte

A lo largo de los años, es indudable que tus hijos habrán creado un sinfín de «obras artísticas» de un valor incalculable para ti: dibujos, pintura con los dedos, composiciones, poemas, etc. Si quieres, puedes colgarlas todas de las paredes, pero podrías destacar las que sean ultraespeciales.

¡Organiza una galería de arte en el pasillo! Si dispones de un pasillo que discurra a lo largo de unas escaleras o que vaya desde la cocina hasta la sala de estar, o de un dormitorio a otro, tienes una perfecta galería para exhibir los tesoros artísticos de la familia.

Material necesario

- Obras de arte, cuentos originales, composiciones escolares y cualquier otra cosa que desees exhibir
- Cinta adhesiva de quita y pon y de doble cara

Procedimiento

1. Es preferible encomendar a los padres la decisión de lo que debe ser exhibido y dónde. De este modo no surgirán disputas entre los niños.
2. Coloca una tira de cinta adhesiva de doble cara en cada esquina de las piezas y cuélgalas de la pared.
3. Sustituye una obra de arte por otra cuando se te antoje.

Consejo práctico: Podrías sugerir a tus hijos que seleccionaran algunas de sus obras favoritas, procurando que todos estén representados por un igual.

Collage fotográfico

He aquí una buena forma de divertirse con fotografías familiares. Asimismo, este proyecto es ideal para los niños que no ven a menudo a algunos de sus parientes. Tus hijos, al tiempo que confeccionan este collage fotográfico, se familiarizarán más con ellos.

Material necesario

- Cartón (como mínimo de 21 × 27 cm; si es más grande, tanto mejor)
- Cartulina
- Pegamento
- Fotos
- Tijeras
- Opcional: trocitos de papel de regalo, cintas, purpurina y una copia del *Emblema familiar o escudo de armas* (p. 61)

Procedimiento

1. Pega la cartulina sobre el cartón.
2. Recorta varias fotografías de miembros de la familia, del rostro o de cuerpo entero dependiendo del trazado que desees. Asegúrate de que las fotos son copias (¡no pretenderás echar a perder los originales!).
3. Distribuye las fotografías sobre la cartulina, realizando diferentes combinaciones hasta encontrar la que te satisfaga. Si quieres, solapa algunas fotos.
4. Cuando hayas decidido el trazado de la composición, pégalas en su sitio.
5. Añade cintas, otros materiales y purpurina al collage (opcional)
6. Si dispones de un Emblema familiar o escudo de armas, incluye una copia del mismo en el collage (opcional)

Consejo práctico: Mientras ayudes a tus hijos a realizar esta actividad, cuéntales anécdotas e historias acerca de los distintos familiares que aparecen en las fotos.

Álbum de fotos

Si tu familia es como la mayoría, guardarás en un armario cajas y más cajas de zapatos llenas de fotografías. Tal vez creas que no olvidarás jamás por qué Sonia llevaba aquel vestido de girasoles en la fotografía tomada en casa de Mónica, o por qué Julián iba vestido con traje y corbata en la foto tomada en su dormitorio. Pero tal vez te sorprenda que, transcurridos algunos años, seas incapaz de recordar las anécdotas que subyacen debajo de aquellas instantáneas.

Ya va siendo hora de que las organices en un álbum, uno que no sólo las conserve en buen estado, sino que también contenga la suficiente información para conectar tu recuerdo con los detalles de las fotos. Y lo que es más importante, ¡un álbum de fotos es más fácil de hojear que una caja de zapatos!

Material necesario

- Uno o varios álbumes de fotos
- Fotografías, papel, bolígrafo, tijeras y pegamento

Procedimiento

1. Organiza las fotos. Si en tu familia acostumbráis a tomar montones de fotografías, podrías confeccionar un álbum para cada uno de tus

hijos, otro para los padres, otro más para la familia al completo, y otro, en fin, para los demás parientes. También podrías organizarlas cronológicamente o por temas, tales como la escuela, las colonias de verano, las vacaciones, etc.

2. Coloca cada foto en su sitio en una página del álbum, dejando espacio debajo para añadir una tira de papel explicando las circunstancias en las que se tomó.

3. Confecciona una etiqueta para cada fotografía, incluyendo por lo menos el nombre, la fecha y el lugar.

4. Si no tienes un álbum de hojas autoadhesivas, pega las etiquetas debajo de las fotos.

5. Para incluir aún más detalles si cabe, numéralas y escribe la información en una guía. Anota también el número en el dorso de la foto.

Consejo práctico: Reúne a tu familia una vez al mes para pegar las nuevas fotografías que hayas acumulado y hojead los álbumes anteriores. Es una forma excelente de registrar la nueva historia familiar y de preservar aquellos valiosos recuerdos.

Decoración del buzón

Fomenta la individualidad de tu familia con un buzón diferente del de los demás vecinos del bloque. La mayoría de la gente incluye el nombre o el piso en su buzón, ¡pero tu familia puede hacer gala de su especial orgullo y creatividad con este divertido proyecto!

Material necesario

- Buzón metálico estándar o de estilo porche (en los de plástico la pintura no se adhiere bien)
- Lata de imprimación tipo espray
- Pinturas de látex o al aceite
- Pinceles
- Aguarrás y paños para limpiar

Procedimiento

1. Prepara el buzón unas horas antes de pintarlo revistiendo las superficies exteriores con una capa de imprimación. Dependiendo del clima local, la imprimación tardará sólo una o dos horas en secarse. No obstante, es una buena idea dejarlo un día entero antes de decorarlo.
2. Elige un diseño que ilustre la individualidad y el orgullo familiar. Podrías pintar la *Bandera familiar* (p. 62), el *Emblema familiar o escudo de armas* (p. 61), una versión artística de las iniciales del nombre de la familia o incluir alguna fotografía que muestre las aficiones familiares (embarcaciones de recreo, caballos o gatos, por ejemplo). Incluso puedes introducir el *Lema familiar* (p. 46).
3. Pinta el diseño en el buzón.
4. No instales el nuevo buzón a la intemperie hasta que la pintura se haya secado por completo. Dependiendo de los colores y la pintura que hayas utilizado, este proceso podría prolongarse durante desde un par de días hasta una semana o más.

Consejo práctico: Consulta detenidamente las instrucciones y vigila a tus hijos, en especial si trabajáis con una pintura al aceite.

Rótulo-pajarera familiar

Los historiadores se refieren a las familias de los reyes y reinas como «La Casa de Windsor» o «La Casa de Ausburgo». ¿Por qué no anunciar tu hogar con un atractivo rótulo que diga «La Casa de los Soriano»? Estos rótulos son prácticos y decorativos al mismo tiempo, son fáciles de confeccionar y pueden constituir una exquisita expresión de la individualidad de tu familia. Por otro lado, este rótulo tan particular también demostrará la ingeniosa creatividad familiar, ¡ya que se puede construir en forma de pajarera!

Material necesario

* Madera contrachapada de 0,6 o 1,20 cm de espesor, 30 cm de anchura y entre 45 y 60 cm de altura
* Pintura o rotuladores de punta fina
* Recortes de madera o corcho, o una plancha de 40-50 cm de madera de balsa, moldura u otra plancha fina de madera de 5 cm de anchura
* Pegamento o adhesivo en pistola
* Barniz, tinte o pintura de color pálido, papel de lija y taladro
* Musgo, flores secas, clavija de 2,5 cm de longitud y 0,6 cm de grosor, y otros objetos decorativos según dicte la inspiración (opcional)

Procedimiento

1. Diseña la pajarera en papel, determinando tanto su geometría como sus dimensiones. Corta el contrachapado para confeccionar las piezas principales de la pajarera. Veamos un ejemplo de diseño. Corta dos cuadrados iguales (la cara anterior y posterior) y tres cuadrados iguales (los lados y la base). Para el techo, corta una pieza de contracha-

85

pado por la mitad y de las medidas apropiadas. Corta los extremos formando un ángulo de 45° para que encajen y formen un techo de dos aguas. También se puede añadir una pieza de corcho para dar un aspecto más rústico a la pajarera.

2. Antes de ensamblar las piezas, lija la madera para eliminar las astillas y demás irregularidades.

3. Encola las piezas, y si es necesario, utiliza clavos para conferirles una mayor estabilidad. Practica un orificio de 2,5 cm de diámetro aproximadamente en el centro de la pajarera, y a continuación practica otro de 0,6 cm tres centímetros por debajo del primero. Inserta una clavija de 5 cm de longitud en el orificio más pequeño, a modo de posapájaros.

4. Tiñe, barniza o pinta la pajarera, y mientras se seca, elige las decoraciones que le darán un aspecto distintivo de tu familia. Tal vez os identifiquéis con un pájaro determinado (pájaro carpintero, halcón, paloma, etc.)

5. Cuando la superficie esté seca, decora el rótulo siguiendo el diseño. Pinta la imagen de un pajarillo, la inicial de la familia, la *Bandera familiar* (p. 62) o el *Emblema* (p. 61). También puedes incluir algo asociado con las aficiones familiares (equipo deportivo, libros, etc.). Asimismo, puedes decorar tu pajarera con musgo, corcho o flores secas. Utiliza cualquier cosa que refleje el orgullo de la familia.

Consejo práctico: Vigila con cuidado a los más pequeños cuando usen herramientas eléctricas.

Manteles individuales

Con este proyecto, cada miembro de la familia podrá disponer de un mantel exclusivo pero que a su vez forme parte de un juego familiar de manteles. Y lo que es más importante, tus hijos pasarán un buen rato confeccionando sus propios mantelitos.

Material necesario para cada mantel

- Hoja de papel de dibujo de 20 × 30 cm
- Ceras, lápices de colores o rotuladores de punta fina y tijeras
- Papel adhesivo transparente (45 cm de anchura)

Procedimiento

1. Elige un diseño general para los manteles.
2. Sugiere a cada miembro de la familia que decore su mantel con un dibujo acorde con el diseño general que hayas seleccionado, pero dejando que cada cual use su imaginación a la hora de pintar. No olvides confeccionar uno con el rótulo «Invitado».
3. Recorta dos trozos de papel adhesivo de 45 × 25 cm, sin arrancar el forro.
4. Coloca una de las piezas sobre una mesa, con el forro mirando hacia arriba, y luego retíralo con cuidado.
5. Centra el dibujo sobre el papel adhesivo, con el diseño mirando hacia abajo, y presiónalo desde el centro hacia los lados para eliminar las burbujas de aire o las arrugas.
6. Coloca la segunda pieza de papel adhesivo sobre la mesa, con el forro mirando hacia arriba, y retira éste con cuidado. Ahora pon la primera

pieza –la que lleva el dibujo– sobre la segunda, de manera que el dorso del dibujo quede adherido en el papel adhesivo.

7. Tras haber colocado el dibujo entre las dos piezas de papel adhesivo, repite el proceso de alisado con la segunda hoja, presionando desde el centro hacia los lados para eliminar las burbujas de aire o las arrugas.

8. Con unas tijeras, recorta con sumo cuidado los bordes sobrantes de papel de contacto, dejando una franja de aproximadamente 3 cm de perímetro alrededor del dibujo.

Consejo práctico: Añade el *Emblema familiar o escudo de armas* (p. 61), la *Bandera* (p. 62) o cualquier otro distintivo especial de la familia.

Decoración de un mantel

Confecciona un mantel exclusivo para tu familia. Lo puedes utilizar cuando vayáis de picnic, en las fiestas informales o a diario. Independientemente de cuál sea la ocasión, será diferente de cualquier otro mantel.

Material necesario

- Mantel de plástico de colores sólidos (blanco o pastel)
- Rotuladores de punta fina y tinta permanente
- Periódicos y bolsas de plástico de la basura
- Cinta adhesiva

Procedimiento

1. Elige el formato del mantel:

- ¿Vas a utilizar el *Emblema familiar o escudo de armas* (p. 61), el *Lema familiar* (p. 46), la *Bandera familiar* (p. 62) o todo lo anterior?
- ¿Dividirás el mantel en secciones y animarás a cada uno de tus hijos o miembro de la familia a que decore su sección? ¿Pedirás a cada uno de ellos que firme con su nombre? ¿O prefieres que sea el «artista» semioficial de la familia quien se encargue de realizar todos los dibujos?
- ¿Todos podrán emplear los colores que deseen o los limitarás a tonalidades que combinen armoniosamente con la pintura o el papel pintado del comedor?

2. Extiende varias hojas de papel de periódico y bolsas de basura en el suelo para evitar que la pintura lo salpique y lo manche. Coloca el mantel de plástico blanco o de color pastel encima de los periódicos y sujétalo al suelo con cinta adhesiva.

3. Sugiere a cada miembro de la familia –o al «artista»– que empiecen a decorarlo. Si el mantel se va a utilizar en las festividades, cumpleaños u otra ocasión especial, la decoración debería estar relacionada con dichas celebraciones. Si no es así, es preferible optar por un diseño familiar (Escudo de armas, etc.)

Consejo práctico: Para los niños que sean demasiado pequeños para escribir su nombre, puedes estampar la palma de su mano con pintura o sugerirles que hagan un dibujo. Luego escribe su nombre.

Servilleteros familiares

Incluso algo tan simple y práctico como unos servilleteros puede expresar tanto el orgullo como la individualidad familiar. Algunas familias prefieren que el servilletero de cada uno de sus miembros sea diferente de los demás para no tener la menor duda a la hora de colocarlos en la mesa, mientras que a otras les gusta que formen un juego uniforme. Procura elegir diseños que simbolicen a tu familia. Si son interesantes y atractivos fomentarán las charlas familiares acerca de las historias y anécdotas representadas por los dibujos.

Material necesario ·

- Servilleteros sin decorar (se venden en las ferreterías) o tubos de cartón grueso de papel de cocina, papel de regalo, etc.)
- Cuchillo dentado si se usan servilleteros de cartón
- Pinturas acrílicas y pinceles pequeños, o rotuladores de punta fina

Procedimiento

1. Elige un diseño para los servilleteros. ¿Vas a utilizar nombres, iniciales, sólo la última inicial, un dibujo o una combinación de todo lo anterior? ¿Tiene algún color especial tu familia, *Bandera* (p. 62), *Lema* (p. 46) o *Emblema* (p. 61)? Si es así, inclúyelo en el diseño. Decide si los servilleteros serán uniformes o individualizados.
2. Si usas tubo de cartón, corta tantos círculos del mismo tamaño, aproximadamente de 4 cm de anchura, como miembros haya en la familia.
3. Si utilizas cartón, pinta un fondo uniforme de color con un rotulador, de manera que cubra toda la cara exterior del servilletero (si lo deseas, también puedes pintar el interior). El blanco crudo o el avellana páli-

do son tonalidades excelentes. También puedes emplear servilleteros de madera, aunque no es necesario.

4. Pinta o dibuja el diseño en cada servilletero (nombre, inicial, flor, etc.) y déjalo secar.

Consejo práctico: Cortar un tubo cartón puede resultar peligroso. Vigila atentamente a los más pequeños y asígnales las tareas más sencillas.

Centro de semillas

Cualquier centro puede añadir un toque de calidad a la mesa del comedor, pero lo que hace especial un centro familiar es el hecho de simbolizar algo exclusivo de quienes están comiendo o cenando a su alrededor.

Material necesario

- Cuatro piezas de 0,6 cm de madera contrachapada o cartón rígido, cortadas en forma de óvalo (15-17 cm de longitud × 10 cm de anchura)
- Cola blanca
- Surtido de semillas y cereales, tales como lentejas, guisantes, cebada, arroz, semillas de girasol, arroz integral, semillas de sésamo o una bolsita de comida variada para pájaros (no importa el tipo de semillas de que se trate siempre y cuando dispongas de una amplia gama de colores, tamaños y texturas
- Escuadras pequeñas y tornillos, o cinta aislante
- Jarrón lleno de flores secas, frescas o artificiales

Procedimiento

1. Dibuja el *Emblema familiar* (p. 61), la *Bandera* (p. 62), el *Lema* (p. 46), el nombre u otro diseño simbólico en cada una de las piezas de contrachapado o cartón.
2. Divide a los miembros de la familia en cuatro grupos y sugiéreles que compongan un mosaico sobre el diseño, pegando semillas de diversos colores y texturas en las superficies planas de la madera o cartón, aplicando la cola blanca poco a poco, de área en área. Luego, diles que recubran el adhesivo con las semillas o cereales. Dispondrás de cuatro paneles con el diseño elegido, pero con un color y un aspecto únicos.
3. Ensambla los paneles formando una caja (cuatro paredes sin base ni techo).
4. Coloca la caja en el centro de la mesa.
5. Llena la caja de flores para embellecer la mesa.

Consejo práctico: Podrías dibujar a lápiz el diseño que hayas elegido sobre la madera contrachapada o el cartón antes de pegar las semillas y cereales.

Centro con velas

Ahora puedes confeccionar un centro «iluminado» para la mesa del comedor mediante un proceso similar al de las Lámparas votivas *(p. 94).*

Material necesario

- Palmatoria votiva con tulipa de cristal y vela
- Papel blanco
- Bolígrafo, rotuladores de punta fina y pegamento (ni de caucho ni cinta adhesiva)

Procedimiento

1. Corta una tira de papel lo bastante larga como para envolver la palmatoria y otra 1,5 cm de menor anchura que la altura de la palmatoria.
2. Dibuja en el papel el *Emblema familiar* (p. 61), *Bandera* (p. 62) o cualquier otro diseño que se te ocurra, procurando que sea suficientemente alto como para llenar la mayor parte del papel. Píntalo con un rotulador (no utilices ceras).
3. Pega la tira de papel en la palmatoria, ¡procurando que no sobresalga del borde superior de la tulipa!
4. Enciende la vela. La Bandera o el Emblema relucirá con la luz de fondo.

Importante: Ten en cuenta las precauciones siguientes:

- No pongas las velas en una posición que pudiera provocar la ignición de cualquier objeto situado sobre ellas.
- No las coloques cerca del borde de la mesa, pues podrían caerse, prender en la manga de quien está intentando servirse un par de patatas asadas o caer al suelo a causa de las vibraciones, los niños o mascotas.
- Procura que tus hijos no toquen la llama, ni jueguen con ella, ni dejen algo cerca de ella.
- Recuerda a los niños que la palmatoria puede estar muy caliente mientras la vela está encendida; prohíbeles que toquen el cristal.
- No coloques la vela al alcance de los niños más pequeños de la casa.
- Pon un plato u otro objeto resistente al calor debajo de la vela para proteger la mesa, el mantel y los mantelitos individuales.

- No dejes las velas encendidas después de comer.

Consejo práctico: ¡Si tus hijos son muy traviesos, olvídate de este proyecto!

Lámparas votivas

¿Qué te parecería exhibir el nombre de tu familia con lámparas? Ahora tienes la oportunidad de lucirlo, o si lo prefieres, el Lema *(p. 46), sobre la repisa de la chimenea, un estante, el alféizar de una ventana u otro lugar prominente con lámparas votivas familiares.*

Material necesario

- Palmatoria votiva pequeña con tulipa de cristal, vela y palmatoria por cada letra del nombre familiar o *Lema*
- Papel blanco
- Bolígrafo
- Rotuladores de punta fina
- Pegamento (ni de caucho ni cinta adhesiva)

Procedimiento

1. Corta una tira de papel lo bastante larga como para envolver la palmatoria y otra de la mitad de anchura que la altura de la palmatoria. Corta una tira para cada letra del nombre de la familia o del *Lema*. Dicho de otro modo, una para cada palmatoria.
2. Con un bolígrafo, traza el perfil de una letra en cada tira de papel. Pro-

94

cura que todas las letras sean del mismo tamaño y lo bastante altas como para llenar la mayor parte del papel. Píntalo con un rotulador (no utilices ceras). Tal vez desees colorear todas las letras del mismo color, aplicar una tonalidad diferente para cada letra o decorarlas de otro modo.

3. Pega las tiras de papel en las palmatorias, ¡procurando que no sobresalgan del borde superior de la tulipa!

4. Coloca las velas de manera que formen el nombre de la familia o el *Lema*.

5. Enciende las velas. Las letras relucirán con la iluminación de fondo, expresando la unidad y el orgullo familiar con un toque de calidez.

Consejo práctico: Observa las precauciones que mencionábamos al hablar del *Centro con velas* (p. 92).

El reloj
del crecimiento infantil

Un reloj del crecimiento infantil no indica ni mucho menos la hora, sino el paso del tiempo y cómo están creciendo tus hijos. Construye uno para cada uno de los niños.

Material necesario

- Cartón (o madera y sierra de puñal)
- Tijeras, pegamento y fotografías
- Rotulador de punta fina y tinta permanente (o pintura y pincel)

Procedimiento

1. Recorta una esfera de reloj de cartón, bastante grande, o confecciona una más duradera de madera.
2. Pinta los números de las horas en la esfera, en su posición habitual, con pintura si usas madera o con un rotulador de tinta permanente si prefieres cartón.
3. Cerca del número 1, en el reloj de cada niño, pega una foto del pequeño cuando tenía esa edad. Junto al número 2, pega la correspondiente a los dos años, etc. Sigue añadiendo fotografías hasta llegar al 12. Otra sugerencia consiste en poner junto al 1 la foto del primer año de escolaridad y continuar con los sucesivos cursos.
4. El pegado de la foto de cada año podría realizarse a modo de ceremonial solemne o festivo:

- Sugiere a cada niño que explique en qué cree haber crecido como persona –no sólo en altura o complexión– desde la última fotografía y qué le gustaría conseguir el próximo año.
- Completa la ocasión con refrescos y sombreros de fiesta.
- Organiza una cena especial en su honor y deja que sea él quien se encargue de elegir el menú (con alternativas razonables, claro está).
- Celebra el ritual con otros detalles atractivos, tales como velas, canciones, un mantel especial o informal, promesas de mejora en el futuro, oraciones de acción de gracias, historias y anécdotas del año pasado y otras formas que indiquen el crecimiento físico, emocional y espiritual de tu hijo.

Consejo práctico: Procura que los niños te ayuden a elegir la ceremonia y a seleccionar las fotografías que más tarde se pegarán en la esfera de cada reloj.

Pasatiempos familiares

ÁRBOL FAMILIAR RECIÉN PLANTADO

Cena familiar

Si la mayoría de las noches hay algún miembro de la familia ausente a la hora de cenar, podrías establecer que por lo menos un día a la semana la presencia de todos en la casa fuera sagrada. El domingo tal vez sea la mejor alternativa, la noche en la que mamá y papá es menos probable que estén ocupados con el trabajo o algún que otro compromiso social, y cuando ninguno de los niños tenga un partido de voleibol, salga de excursión, etc.

Procura que sea una regla que todos estén dispuestos a cumplir, y cuando digo «todos» quiero decir «absolutamente todos». Y «en casa» significa en la mesa, no frente al televisor o en el escritorio terminando un trabajo de última hora.

Material necesario

- Noche destinada a una cena familiar
- *Periódico familiar* (p. 25), *Álbum de recortes* (p. 21), *Álbum de fotos* (p. 82), etc.

Procedimiento

1. Si tenéis la costumbre de cenar en la mesa del comedor, ésta puede ser una buena ocasión de hacerlo informalmente en la cocina, y si casi siempre coméis en la cocina, ¿por qué no hacerlo en la mesa del comedor?

2. Podrías convertirlo en la noche en la que cocinan los niños, si es que son lo bastante mayorcitos, o en la que se turnan para elegir el menú de una semana a la siguiente, o asimismo, en fin, en la noche del *Recetario familiar: Las recetas de siempre* (p. 30).

3. Después de cenar podrías sugerir otra actividad que con el tiempo se convierta en una tradición, como por ejemplo, una charla familiar, una conversación formal sobre los acontecimientos actuales, hojear el *Periódico familiar* en las entradas correspondientes a esta semana del año anterior, hojear un viejo álbum de fotos o de recortes, o quizá celebrar una *Reunión del consejo de familia* (véase a continuación).

Consejo práctico: Recuerda que la noche de la cena familiar debería ser muy especial y entretenida; una ocasión en la que los niños deberían sentirse muy a gusto. Destaca la importancia de estar todos juntos.

Reunión del consejo de familia

Si bien es cierto que las reuniones familiares varían de una familia a otra, como mínimo son encuentros en los que sus miembros conversan acerca de temas de interés o de importancia para todos los presentes. ¿Deberíamos salir de vacaciones? ¿Qué os parecería organizar una Cena familiar *(p. 99)? ¿Quién se encargará de segar el césped este verano? Todas estas preguntas y muchas otras se pueden tratar en un consejo de familia.*

Material necesario

- Ninguno

Procedimiento

1. Reserva un período de tiempo específico cada semana para celebrar la reunión del consejo de familia. Si sueles organizar una *Cena familiar*, podríais reuniros inmediatamente después de la cena.

2. Todos los miembros de la familia pueden proponer temas de interés general, desde el recital de danza de Andrés hasta la noticia del nuevo embarazo de mamá.

3. Si un hermano cree que Christian debería colaborar más en las tareas domésticas, o si Alicia está convencida de que ya es lo bastante mayor como para disfrutar de más privilegios, una asignación semanal más cuantiosa o acostarse más tarde, éste es un momento ideal para plantearlo.

4. La reunión también es un marco muy adecuado para tratar los asuntos económicos que implican a toda la familia. ¿Se ha disparado la factura de la luz o del agua? ¿Acaso desean los padres que sus hijos voten alguna cuestión, eligiendo por ejemplo entre invertir una determinada suma de dinero en una semana de vacaciones en Euro Disney o en una nueva piscina? ¿Habéis decidido aumentar la asignación semanal de los niños? Es una magnífica oportunidad para compartir este tipo de noticias.

5. Asimismo, es un buen momento para poner fin a las discusiones familiares. ¿Opina Jennifer que su hermano Roberto no ayuda lo suficiente en casa? ¿Y Lucas? ¿Cree que su hermana Beth sólo deja completamente desordenado el dormitorio cuando le toca limpiarlo a él? Plantea y soluciona –si puedes– éstos y otros problemas en el contexto de la reunión del consejo de familia.

6. Deja bien claro qué tipo de cuestiones se pueden debatir, en cuáles pueden votar los niños, etc., aplicando las reglas básicas de la justicia y la democracia. En cualquier caso, los padres se reservan siempre el derecho de decisión.

Consejo práctico: Evita las cuestiones potencialmente espinosas que se puedan tratar en privado con tus hijos.

La noche familiar de los premios

La noche familiar de los premios puede resultar muy divertida. Podrías organizar una gran celebración, entregando trofeos o placas e incluso creando una ceremonia de entrega. Para la mayoría de las familias puede ser adecuado organizarlo una vez al mes o cada dos meses. Selecciona el marco temporal más a tenor de las necesidades particulares de la familia, teniendo en cuenta el número y la frecuencia de los certificados o trofeos a entregar.

Material necesario

- Trofeos, placas, certificados, etc. que haya que haya merecido cualquier miembro de la familia desde la última noche familiar de los premios

Procedimiento

1. Considera detenidamente los tipos de actividades y comportamientos que deseas premiar en esta noche tan especial, incluyendo, por ejemplo, galardones en relación con *La noche familiar de los juegos* (p. 106), la *Competición de limpieza* (p. 143), la *Olimpiada familiar* (p. 140) u otras actividades familiares.

2. Ten presente el número y la frecuencia de los trofeos que tienes previsto entregar y decide cuán a menudo te gustaría celebrar una noche familiar de los premios.

3. Decide si desearías combinar la noche familiar de los premios con cualquier otro evento, como por ejemplo una *Reunión del consejo de familia* (p. 100) o si prefieres celebrarla en exclusiva.

4. Comunica a la familia tu intención de organizar con regularidad una noche familiar de los premios, explicando cuáles serán los trofeos que se entregarán y que han sido merecidos por los miembros de la familia desde la última noche de los premios.

5. Decide también si quieres o no celebrar una ceremonia especial con ocasión de la entrega de premios.

Consejo práctico: La noche familiar de los premios también puede ser un buen momento para atribuir asignaciones semanales y otras recompensas a los niños que hayan colaborado activamente en los quehaceres domésticos.

Listas de los diez aspectos positivos y negativos

Una o dos veces al año, tus hijos y tú podéis confeccionar listas de los diez aspectos positivos y negativos, siempre con las miras puestas en reforzar los vínculos familiares.

Material necesario

• Papel, bolígrafo o lápiz para cada participante

Procedimiento

1. Sugiere a cada miembro de la familia que confeccione dos listas con diez aspectos positivos y diez negativos. La primera estará relacionada con diez cosas positivas de la familia, y la segunda con otras diez que se deberían mejorar.

2. Las quejas acerca de cualquier miembro de la familia son válidas, pero las nimiedades no. Procura que los niños comprendan cuál es la diferencia.

3. Todos los miembros de la familia, incluyendo a los padres, deben actuar con una mentalidad abierta. Si Esteban hace constar que lo primero que se debe mejorar son las «reglas estrictas», los padres deberían tomarse muy en serio dicha observación. Si creen que son justas, no hay problema, pero aún así tienen que evaluarlas a conciencia. Tal vez sean excesivamente intransigentes en algunas cosas. Por ejemplo, podrían concluir que las reglas acerca de la hora de acostarse, los deberes escolares, la cortesía y la hora de las comidas son apropiadas, pero que en otras áreas podrían comportarse de una forma más moderada.

4. Recuerda que los niños también deben adoptar una mentalidad abierta a la hora de enjuiciar cada situación y que es necesario tomar en serio sus sugerencias de mejora. Una buena forma de fomentar esta mejora en su comportamiento quizá sea la voluntad de negociar con ellos y de modificar vuestro punto de vista.

Consejo práctico: No olvides destacar los aspectos positivos además de los que requieren una cierta mejora. ¡Da a tus hijos la oportunidad de descubrir por qué no sois los peores padres del mundo!

La noche del cine en casa

Es probable que dispongas de una cámara de vídeo y que hayas grabado innumerables cintas divertidas. Asimismo, quizá tengas algunas películas de 8 mm que filmaron tus padres años atrás. Pero ¿cuándo fue la última vez que las miraste?

Elige una noche en la que nadie tenga ningún compromiso (ensayo con el grupo de rock, reunión de trabajo, deberes escolares, etc.) y sugiere a tus hijos que no concierten ninguna cita lúdica con sus amigos.

Material necesario

- Reproductor de vídeo
- Todas las películas que hayas grabado con tu cámara de vídeo
- Proyector de 8 mm, pantalla y películas de 8 mm de generaciones anteriores (opcional)
- Palomitas de maíz u otros tentempiés adecuados

Procedimiento

1. Revisa tu colección de cintas de vídeo o películas de 8 mm y selecciona las que creas que pueden tener un mayor interés general.
2. Si tienes previsto reproducir películas de 8 mm, asegúrate de que el proyector está en perfectas condiciones, que la bombilla no está fundida y que dispones de una pantalla (también puedes utilizar una sábana blanca).
3. Sugiere a tus hijos que no concierten ninguna cita lúdica con sus amigos esta noche.

4. Asimismo, quizá desees convertir esta ocasión en una actividad espontánea la noche menos pensada, decidiendo visionar algunas películas sin previo aviso.

5. Prepara un cuenco de palomitas de maíz u otros tentempiés.

6. Si vas a proyectar viejas películas de tus padres o abuelos y algunos de tus parientes viven cerca de tu casa, podrías invitarlos.

Consejo práctico: Si dispones de películas de 8 mm pero careces de proyector, podrías copiarlas en una cinta de vídeo. Muchas tiendas de fotografía y de vídeo ofrecen este servicio por un módico precio.

La noche familiar de los juegos

«¡Mamá, juega conmigo!», «Papá, ¿por qué no juegas nunca al Monopoly con nosotros?», «Joel, ¿por qué juegas a los palillos chinos con tus amigos pero nunca lo haces conmigo?».

En lugar de quejarte por el hecho de que nunca jugáis juntos, instituye un día al mes como la noche familiar de los juegos, ya se trate de cartas, juegos de mesa o charadas. Podríais jugar todos a lo mismo, o quizá papá y Berta al ajedrez, mientras que mamá, el abuelo, Ramón y Tomás juegan al parchís. En cualquier caso, aprovechad la ocasión para estar en familia en la sala de estar o el comedor. Incluso se puede confeccionar una lista con un grupo de juegos específicos para esa noche familiar de los juegos. Guárdalos en un armario y sácalos sólo el día correspondiente.

Material necesario

- Juegos de cartas, de mesa, dominó, ajedrez, damas, parchís, etc.
- Material adicional necesario para jugar a otros juegos que elijas

Procedimiento

1. Decide si ésta va a ser una actividad regular o si vas a organizarla una vez por semana o al mes (o cuando os apetezca).
2. Decide si vas a reservar o no un grupo de juegos sólo para la noche en cuestión, y si es así, cuáles serán.
3. Decide si combinarás la noche familiar de los juegos con otras actividades «gastronómicas», como *La noche de la salchicha de frankfurt* o *La noche de la cena informal.* ¿Será una fiesta del pijama? Si prefieres sustituir las palomitas de maíz por otro tentempié, podrías considerar la posibilidad de preparar unas cuantas salchichas a la brasa en la chimenea o comer en el patio trasero si hace buen tiempo. Deja que los niños se acuesten un poco más tarde que de costumbre.
4. Si algunos de tus parientes viven cerca de tu casa y también tienen hijos, tal vez podrías invitarlos a jugar.

Consejo práctico: En verano puedes organizar una cita lúdica con juegos al aire libre (patio, jardín, parque, etc.) e incluso podrías invitar a los amigos de tus hijos.

Llévame al hockey sobre patines

Aunque en tu ciudad el deporte predominante sea el fútbol o el balon-cesto, es probable que a una corta distancia en coche haya algún equipo profesional de voleibol, hockey sobre hielo o hockey sobre patines. ¡Reúne a tu familia y llévalos a disfrutar de un partido!

Material necesario

- Entradas para todos los miembros de familia para ver un partido de hockey sobre patines
- Medio de transporte para desplazarse

Procedimiento

1. Infórmate acerca de qué equipos juegan en las inmediaciones de tu localidad, y si hay más de una alternativa, votad para decidir cuál es el que despierta un mayor interés.
2. Consulta el calendario de partidos y elige el más interesante (contra un rival especialmente difícil, por ejemplo) en una fecha en la que nadie tenga compromisos ineludibles.
3. Si algún miembro de la familia no conoce las reglas del juego, dale una lección rápida de cómo se juega. De este modo, lo comprenderá mejor y disfrutará más de lo que está sucediendo en la pista.
4. Decide si vais a vestiros o no con los colores del equipo.
5. Compra las entradas y desplazaros hasta el estadio.

Consejo práctico: Si los niños tienen intereses contrapuestos, organiza desplazamientos por turnos para asistir a partidos de las distintas disciplinas deportivas.

Cena en la que cada cual aporta un plato

Si no tienes parientes que vivan cerca de tu domicilio, te aconsejo que pases a la siguiente actividad, pero si hay algunos, ésta es una forma excelente de reuniros más o menos periódicamente y de organizar un ágape realmente económico, además de constituir una magnífica ocasión para disfrutar de su compañía. Se trata de una cena en la que cada cual aporta un plato.

Material necesario

- Comida
- Juegos

Procedimiento

1. Elige una fecha y una hora.
2. Llama por teléfono a todos los parientes que vivan cerca de tu casa e invítalos a cenar, coordinando la contribución de cada uno de ellos para preparar un menú equilibrado.
3. Ten a mano algunos juegos para que los niños se entretengan.
4. ¡Aprovecha la ocasión para divertirte!

Consejo práctico: Si los hijos de todas las ramas familiares son lo bastante mayorcitos, podría resultar divertido que se encargaran de preparar la comida, con un poco de ayuda paterna si es necesario.

La Avenida
de la Fama familiar

No hace falta que tengas una estrella en la Avenida de la Fama de Hollywood para quedar inmortalizado en el hormigón. Las huellas de tus manos o de tus pies pueden proclamar tu individualidad en cualquier lugar (porche, jardín o patio trasero de la casa). ¿Cuántos niños de otras familias pueden enorgullecerse de que sus padres los hayan inmortalizado de esta forma? ¡Es un ejemplo más de lo especial que resulta pertenecer a tu familia!

Material necesario

- Saco de 4 o 5 kg de cemento rápido (el tamaño dependerá de cuántas losas hayas de preparar)
- Llana de albañil
- Aceite (del motor o de cocinar)
- Agua
- Diseño para las losas, que dependerá de lo que tengas a mano y del tamaño que quieras que tengan. Entre las diferentes posibilidades se incluye una palangana para lavar los platos de 30-45 cm de diámetro, la base de un cubo de plástico de 5 litros de capacidad o un molde de aluminio desechable
- Lápiz o destornillador si deseas escribir en el cemento

Procedimiento

1. Unta de aceite el recipiente para que el cemento se desprenda fácilmente una vez seco. Sigue las instrucciones del paquete y mezcla la cantidad adecuada de cemento con agua.
2. Vierte el cemento en el molde hasta formar una capa de 5 cm de grosor. Siempre siguiendo las instrucciones del paquete, remueve la mezcla para eliminar las burbujas.
3. Alisa la superficie del cemento con una llana de albañil o un listón de madera.
4. Cuando el cemento se haya endurecido parcialmente, cada miembro de la familia presionará un pie o una mano en él, escribirá su nombre, trazará un diseño o realizará todo lo anterior. Si vas a insertar palabras o dibujos en la losa, el cemento debe haberse secado lo suficiente como para que las líneas sean visibles. Si está demasiado líquido, las marcas desaparecerán o emborronarán.
5. Antes de imprimir tu huella es preferible untarse de aceite la mano o el pie; de lo contrario, se te pegará el cemento semihúmedo. Recuerda que es más fácil limpiarte el cemento cuando está húmedo, y que es ligeramente cáustico y puede irritar la piel.
6. Una vez seco, retira la losa y colócala en el porche, el recibidor o el patio trasero de la casa.

Consejo práctico: Si construyes un porche o una acera nueva, deja que los niños impriman su huella y escriban su nombre, haciendo constar la fecha en el cemento húmedo. Transcurridos algunos años, os sentiréis muy orgullosos de esta pequeña pieza de inmortalidad.

Jardín floral familiar

Un conocido eslógan publicitario de la industria de la floristería dice: «Díselo con flores». ¿Por qué no mostrar la creatividad e individualidad de tu familia haciendo lo mismo? ¡Planta un parterre de flores con el nombre o Lema familiar *(p. 46) formando una exuberante masa floral llamativa y fragante!*

Material necesario

- Semillas de plantas o plantas de centro de jardinería
- Herramientas de jardinería (pala, rastrillo, llana, guantes, manguera, tijeras de podar, etc.)

Procedimiento

1. Si has elegido algunos colores familiares, podrías considerar la posibilidad de distribuirlos por el jardín. Si es así, selecciona las flores o plantas que vas a necesitar, teniendo siempre en cuenta las condiciones climáticas.
2. Decide si deletrearás el nombre de la familia, tus iniciales, el Lema familiar o una combinación de todo lo anterior.
3. Decide si vas a cultivar flores o plantas. A ser posible, realiza el trazado floral en el jardín delantero de la casa; de este modo, los resultados serán mucho más notorios. Si colocas el parterre a la sombra de un árbol, apenas resaltará. Elige un emplazamiento prominente. ¿Qué te parecería un lugar visible desde la ventana de la sala de estar?
4. Prepara y abona la tierra del parterre.
5. Planta las flores siguiendo las instrucciones de los paquetes de semillas o los consejos del centro de jardinería.

6. Cuida de tu parterre de flores. Arranca las malas hierbas, riega, abona y haz todo lo necesario para que las plantas crezcan sanas.

Consejo práctico: Los más pequeños de la casa pasarán un buen rato cavando en la tierra. Aprovecha la ocasión para contarles anécdotas familiares y cantar canciones mientras plantas las semillas.

Póster floral familiar

Si te gusta cultivar y cuidar de un Jardín floral familiar *(p. 112) durante la primavera y el verano, se marchitará irremisiblemente en invierno. Pero no desesperes, ¡siempre puedes conservar vivo su espíritu durante los meses de frío con un póster floral familiar!*

Material necesario

- Hoja grande de papel de embalar. Su tamaño exacto dependerá en gran medida de la longitud del nombre o *Lema familiar* (p. 46) y de la cantidad de espacio disponible
- Fotografías de flores recortadas de catálogos, viejas revistas, etc.
- Tijeras
- Pegamento

Procedimiento

1. Elige varias fotografías de flores que puedas encontrar en revistas, catálogos de jardinería, etc., recortando el perfil de cada flor para eliminar el fondo. Procura que las fotos tengan un tamaño similar.

2. «Planta» las flores distribuyéndolas sobre el papel de embalar, formando el nombre, el *Lema familiar* o ambos..., o cualquier otra cosa que resulte apropiada para resaltar el orgullo de la familia.
3. Cuando te satisfaga el arreglo, pega las flores.
4. Puedes confeccionar un marco para el papel de embalar pegando más fotografías de flores a lo largo de su perímetro.
5. Cuelga el producto acabado en la sala de estar, recibidor, pasillo u otra ubicación adecuada.

Consejo práctico: Vigila a los más pequeños mientras utilizan las tijeras.

Vacaciones familiares: Solicitud de información

¿Se aproximan las vacaciones y aún no has hecho planes? En tal caso, implica a toda la familia en la búsqueda de posibilidades. Para los niños será incluso mucho más emocionante anticiparse a los resultados de su investigación, y las vacaciones tendrán un significado especial cuando por fin llegue el gran momento.

Material necesario

- Folletos de viajes
- Librería local o acceso a Internet
- Teléfono, periódicos o revistas

Procedimiento

1. En primer lugar, determina los requisitos del viaje, decidiendo si quieres limitar alguno de los factores siguientes:

   - Destinos situados a una distancia relativamente corta en automóvil.
   - Destinos a los que puedas desplazarte sin necesidad de pernoctar.
   - Destinos a los que puedas volar en España, Europa u otras regiones del mundo.
   - Destinos en tu región o provincia.
   - Vacaciones que cuesten menos de una cierta cantidad.
   - Hoteles que acepten animales de compañía.
   - Destinos rurales o urbanos.
   - Destinos con parque infantil o accesibilidad para discapacitados.

2. Sugiere a todos los miembros de la familia que soliciten ideas basadas en la experiencia a sus amigos, compañeros de clase, colegas de trabajo y vecinos.
3. Busca en Internet. Si no dispones de un ordenador con módem, puedes conectarte desde cualquier cibercafé o incluso desde la biblioteca local.
4. Visita una agencia de viajes y solicita folletos de destinos interesantes.
5. Consulta los anuncios de destinos vacacionales en periódicos y revistas, y cuando encuentres uno realmente atractivo, escribe a la dirección reseñada o llama a los números telefónicos gratuitos para solicitar folletos y otro tipo de información.
6. Cuando hayas hecho acopio de la suficiente información, organiza una *Reunión del consejo de familia* (p. 100) para discutir las posibles alternativas.

Consejo práctico: Los padres deberían decidir someter a votación el destino vacacional o decidirlo personalmente, aunque merece la pena dejar que todos aporten sus ideas y propongan un destino particular.

Vacaciones familiares: Calendario de cuenta atrás

¡Anticiparse puede ser muy divertido! Cuando planifiques unas vacaciones familiares, los días y las semanas previas a la fecha de partida pueden estar llenos de excitación mientras te preparas para la gran aventura. Tanto si vas a ir a tu destino habitual como si deseas visitar a tus primos en el campo o disfrutar de las atracciones de un parque temático, los preparativos pueden resultar casi tan emocionantes como el mismo viaje. Así pues, confecciona un calendario de cuenta atrás para que toda la familia sepa el tiempo que falta para el gran día.

Material necesario

- Calendario comercial o de confección casera (no el que utilizas a diario)
- Rotuladores de punta fina

Procedimiento

1. Consigue o compra un calendario comercial, o confecciona uno en casa (p. 70), a ser posible dos meses antes del inicio de las vacaciones. Pide en el banco, gasolinera, compañía de seguros, etc., si les han sobrado calendarios desde primeros de año.
2. Con un rotulador de punta fina, a ser posible de colores, marca con una «V» cada uno de los días en que la familia estará de vacaciones. Si vas a tener que conducir varios días hasta tu destino, empieza a marcar los días desde que sales de casa, no desde el día de llegada.

3. Escribe el número 1 en la casilla del calendario que designa la víspera del inicio de las vacaciones, el 2 en la casilla inmediatamente anterior, el 3 en la anterior, etc., continuando hasta la fecha actual.
4. Anota en el calendario todos los preparativos que haya que hacer para el viaje.
5. Cada noche traza una línea diagonal en la casilla correspondiente al día en cuestión.
6. Quien desee saber «cuántos días faltan para ir al lago» o «cuántos días faltan para ver a la abuelita» encontrará la respuesta en el calendario.

Consejo práctico: Anima a los niños a hacer dibujos en el calendario, imaginando cómo será el destino vacacional.

Vacaciones familiares: Boletín/álbum de recortes

Aunque ya dispongas de un Periódico familiar *(p. 25) o un* Álbum de recortes *(p. 21), ¿por qué no confeccionar un boletín o álbum de recortes especial para las vacaciones familiares?*

Material necesario

- Álbum en blanco de hojas intercambiables, bolígrafo, cinta adhesiva o pegamento
- Cosas tales como tickets, folletos de vacaciones, programas de actos culturales, postales y otros recuerdos

Procedimiento

1. Decide cómo vas a registrar las entradas en el boletín cada noche. Podrías elegir una de las siguientes alternativas:

   • Designar a una persona como registrador oficial, la cual se encargará de anotar en el álbum todo cuanto le comenten y faciliten los miembros de la familia.
   • Turnarse todos como registradores oficiales a diario.
   • Cada miembro de la familia escribe algo en el boletín cada noche. Los niños que todavía no sepan escribir pueden dictárselo a papá o mamá, o a cualquiera de sus hermanos mayores. Años más tarde, su caligrafía te evocará nostálgicos recuerdos. Sea como fuere, procura evitar las duplicidades.

2. Sé constante. La noche tal vez sea el momento más apropiado para reflexionar sobre los sucesos del día, antes de que se desvanezca el recuerdo de los detalles.

3. En el caso de que por la noche hayas programado alguna actividad que se prolongue hasta altas horas de la madrugada (TV, jugar a las cartas o al parchís, etc.), déjalo para el día siguiente.

4. Deja espacio para pegar postales, programas, etc. en las páginas del boletín/álbum de recortes. Podría ser una buena idea guardar los recuerdos en una bolsa al final del boletín o del álbum, pegándolos en su lugar correspondiente al llegar a casa. Entretanto, podrías sujetarlo con un clip en la página adecuada. De este modo, tendrás una idea bastante aproximada acerca de dónde debe ir cada cosa.

Consejo práctico: Si sueles estar demasiado cansado al término del día o prefieres no escribir en el boletín durante las vacaciones, podrías grabar los acontecimientos en cintas de casete y transcribirlos una vez en casa.

Vacaciones familiares: Nuestro lugar especial

¿Recuerdas algunas vacaciones realmente especiales? ¿Estaban al alcance de tus posibilidades? La mayoría de las familias sólo visitan lugares como Euro Disney una o dos veces en la vida, pero tal vez hayas estado en otro destino vacacional que te haya causado una impresión inusual y que podrías permitirte el lujo de repetir. ¿Por qué no consideras la posibilidad de regresar? Este tipo de recuerdos son para siempre.

Material necesario

- Ninguno

Procedimiento

1. Si has encontrado algún lugar especial en el que tu familia ha pasado unas vacaciones inolvidables, plantea la posibilidad de convertirlo en vuestro destino vacacional especial.
2. Recuerda que esto probablemente signifique dejar a un lado cualquier otra alternativa. El tiempo de vacaciones suele ser limitado, y si queréis ir a la casa en la playa, será prácticamente imposible ir a otro sitio. Asegúrate de que todos están de acuerdo.
3. Discute la disponibilidad económica. ¿Te permite tu presupuesto pasar unas vacaciones anuales fuera del país, por ejemplo? Tanto los padres como los niños se mostrarán predispuestos a recortar los gastos en películas, restaurantes, etc. a cambio de poder regresar a la casa de la playa. Este sacrificio personal y el compromiso de gozar de unas va-

119

caciones familiares muy especiales fortalecerá los vínculos interpersonales e incrementará el orgullo familiar.

4. Si la familia está de acuerdo y el presupuesto lo permite, elige un lugar especial vuestro. Por lo demás, siempre puedes cambiar de idea dentro de dos o tres años si es que tus intereses también han cambiado.

Consejo práctico: Si es posible, procura encontrar un destino vacacional muy especial que aun así os permita realizar como mínimo otro viaje de vacaciones al año. Las tradiciones son maravillosas, ¡pero la variedad es la chispa de la vida!

Diccionario familiar

Las palabras y expresiones especiales acuñadas por los miembros de tu familia, así como los significados asociados a otras palabras conocidas, forman parte de lo que constituye vuestra individualidad familiar.

Tal vez papá tenga la costumbre de soltar aquello de: «Rogelio Pérez Marín, súbase usted el calcetín» o de llamar a mamá, Aurora, «Uralias». ¡Compila estas palabras y frases en un diccionario familiar!

Material necesario

- Papel, encuadernadores, bolígrafo (o bien ordenador o máquina de escribir)
- Cartulina
- Lápices de colores o rotuladores de punta fina

Procedimiento

1. Aprovecha una *Reunión del consejo de familia* (p. 100) o cualquier encuentro informal para confeccionar una lista de palabras familiares y de su significado, tanto si se trata de expresiones de nuevo cuño o de vocablos reales que tienen un significado o uso especial en el seno familiar.
2. Anota en un papel cada palabra o frase y su definición. Si lo deseas, podrías poner una en cada página. Si alguien recuerda su origen –cómo o con qué ocasión empezó a utilizarse en la familia–, anótalo.
3. También podrías incluir ilustraciones.
4. Si has optado por colocar una palabra o expresión en cada página, clasifícalas por orden alfabético.
5. Confecciona una cubierta de cartulina para el diccionario, con su correspondiente título, como por ejemplo *Diccionario de la familia Pérez*. También puedes incluir una lista de créditos con el nombre de los miembros de la familia que han compilado y editado el manuscrito. Si es posible, decora la cubierta con un dibujo, fotografía u otro diseño, e incorpora una contracubierta también de cartulina.
6. Ensambla las cubiertas y las hojas sujetándolas con un encuadernador, añadiendo nuevas palabras y frases a medida que se vayan incorporando al léxico familiar.

Consejo práctico: Asimismo, podrías incluir instrucciones explícitas de pronunciación, tal y como suele hacerse en cualquier diccionario corriente.

121

Historias familiares para la hora de acostarse

Es posible que entre los cuentos favoritos de tus hijos figuren Peter Pan *o* La Bella Durmiente, *pero apuesto a que también les gustaría oír anécdotas relacionadas con tu primer coche, tu primera bici, el día de tu boda o la divertidísima historia de la abuela y los pollos. ¡Qué mejor momento que la noche para contarles tus propias historias, cuando los pequeños están cálidamente arropados en la cama!*

Material necesario

• Recuerdos de sucesos familiares

Procedimiento

1. Acuesta a los niños y diles que vas a contarles un cuento, pero en lugar de leerles *Pedro y las judías mágicas* o *Aladino*, relátales anécdotas de la familia, incluyendo, por ejemplo, cosas tales como:

   • La noche en la que nacieron.
   • La casa en la que crecieron y en qué se parece o diferencia de la casa actual.
   • Cuando recogiste huevos en el ponedero de las gallinas aquel verano en la granja del tío Samuel.
   • Los emocionantes viajes del tatarabuelo a Irlanda, Etiopía, Inglaterra o Estambul.

Consejo práctico: Podrías alternar las historias familiares con otros libros de cuentos, dependiendo de lo que les apetezca oír a tus hijos.

Historias colectivas a la hora de acostarse

Ésta es una divertida actividad en la que puede participar toda la familia. Al igual que en Escribe historias para la hora de acostarse *(p. 126), tus hijos tendrán la oportunidad de poner a prueba su creatividad, con un poco de ayuda, claro está.*

Material necesario

- Una buena dosis de imaginación

Procedimiento

1. Empieza una persona, a ser posible uno de los padres hasta que los niños aprendan la mecánica del proceso. Cuando lo hayan conseguido y estén familiarizados con la actividad, no tardarán en pedir ser ellos quienes inicien el cuento.
2. Empieza a contar una historia. Puede tratar de cualquier persona o de cualquier cosa, aunque debería contener una pizca de aventura y emoción. Transcurridos algunos minutos, deja de hablar e invita al siguiente a que la continúe. Es preferible que interrumpas el relato en un pasaje crucial, como cuando Jaime encuentra la maleta en medio de la acera, cuando Patricia ve aterrizar la nave espacial o cuando el lobo está persiguiendo al pollito.

3. La siguiente persona continuará el relato donde lo dejó la anterior, pero no te sorprendas si de repente la historia experimenta un giro de ciento ochenta grados y la acción se desplaza desde el patio de Lola hasta un túnel secreto situado en el sótano de la vieja mansión del profesor. Sugiere al narrador que interrumpa el relato en un momento emocionante de la acción.

4. Continuad por turnos hasta que todos hayáis tenido la oportunidad de participar en la narración. Si sólo son dos quienes cuentan la historia, diles que se turnen hasta que llegue la hora de dormir.

5. Sigue así hasta que alguien ponga fin a la historia o hasta que parezca perder emoción o interés.

6. Si aún es demasiado pronto para apagar la luz, siempre puedes empezar otro cuento. Por otro lado, si los niños suelen entusiasmarse con esta actividad, tal vez sea necesario empezar más temprano.

Consejo práctico: Es aconsejable iniciar la narración colectiva de historias cuando todos se hayan aseado y puesto el pijama. Si sólo tienes un hijo, podrías contarle cuentos en la cama, al igual que si son varios los pequeños que comparten un mismo dormitorio.

Historias a la hora de acostarse: Los niños leen

Cualquiera puede leer un cuento a sus hijos a la hora de acostarse. Pero ¿por qué no hacer las cosas diferente e invertir los roles? ¡Sugiéreles que te lo lean a ti! Se divertirán muchísimo comportándose como adultos y

124

se sentirán encantados de poder demostrar su habilidad en la lectura.
Para los pequeñines que todavía no sepan leer, déjales «contar» una
historia familiar o un cuento inventado.

Material necesario

• Libro de cuentos

Procedimiento

1. Acurrúcate en la cama de tu hijo. Si tienes más de uno y no comparten un mismo dormitorio, podríais acomodaros en el sofá.
2. Sugiere al pequeño que seleccione el cuento y que luego lo lea en voz alta. Si en casa hay dos o más niños que sepan leer, podrían turnarse cada noche o contarte un cuento cada uno.
3. Es muy probable que haya oído una y mil veces cuentos tales como *Cenicienta* o *Los tres cerditos* y que los sepa de memoria. En tal caso, dile que te los cuente sin leerlos. No te preocupes si no es capaz de hacerlo detalladamente como en el original, pues de lo que se trata es de ejercitar su creatividad.
4. Felícitalo por lo bien que lo ha hecho, dale un beso de buenas noches y ¡siéntete muy satisfecho por el hecho de estar formando una familia de lectores!

Consejo práctico: Si hay más de un lector, procura que todos los demás escuchen atentamente mientras uno de ellos está leyendo. Pero si se aburren, sugiéreles que lean en voz baja hasta que les llegue el turno de hacerlo en voz alta.

Escribe historias para la hora de acostarse

No hay duda de que los niños necesitan regularidad y estructura, aunque de vez en cuando es divertido variar la rutina nocturna. Un pequeño cambio puede resultar muy atractivo para todos. Además, los pequeños son cuentacuentos por naturaleza y es importante estimular su creatividad. Combina todos estos factores y descubrirás la receta mágica para disfrutar de un rato muy ameno a la hora de acostarse. ¡Inventa cuentos! La mayoría de los niños han oído o han leído algún relato sobre Robin Hood, pero ¿cuántos conocen la historia de la «Amapola encantada»?

Material necesario

- Una buena dosis de imaginación

Procedimiento

1. En lugar de leer un cuento del libro habitual, inventa una historia y cuéntasela a tus hijos por la noche.
2. Si se muestran interesados, anímalos a que también inventen cuentos, turnándose a la hora de contarlos.
3. En ocasiones, sus historias «originales» constituirán una especie de collage de sus cuentos favoritos. Ten paciencia. Están aprendiendo a desarrollar su imaginación, y con el tiempo sus relatos se asemejarán cada vez menos a los cuentos tradicionales.
4. Sé paciente y actúa con firmeza a la hora de establecer los turnos. Si esta noche le toca a Rubén, mañana será el turno de Berta, aunque si el cuento de Rubén es relativamente corto, tal vez Berta podría contar el suyo antes de apagar la luz.

126

5. Anima a los niños, pero no los fuerces. Si al principio se muestran reacios, podrías sugerirles algunas ideas:

- ¿Qué crees que les ocurrió a los siete enanitos después de que Blancanieves se casara con el príncipe?
- ¿Tuvieron hijos Cenicienta y el príncipe? ¿Por qué no me cuentas algo relacionado con ellos?
- Cuéntame un cuento acerca de un niño que hizo un viaje montado en una nube.
- Cuéntame un cuento acerca de una niña que construyó una escalera para subir al cielo y que cogió una estrella.

Consejo práctico: No insistas si tus hijos no quieren contar un cuento. Es posible que a uno le llame la atención, pero a otro no. Déjales que decidan por sí solos.

Cómo confeccionar un álbum de dibujos de tus propios cuentos

Los niños son cuentacuentos por naturaleza (véase Escribe historias para la hora de acostarse, p. 126) y les encanta ser el centro de atención, como autores y como protagonistas. También les gustan los libros ilustrados. ¿Cuál sería el resultado de combinar estos factores? ¡Sugiere a tu hijo que escriba un cuento inventado en el que sea el protagonista y conviértelo en un libro ilustrado!

Material necesario

- Hojas de papel o cartulina blanca
- Rotuladores de punta fina o lápices de colores
- Máquina de escribir, bolígrafo u ordenador
- Dos hojas de cartulina de color pálido
- Grapadora

Procedimiento

1. Anima a tu hijo a inventar un cuento. Puede escribirlo con un bolígrafo o utilizar una máquina de escribir o un ordenador, si dispones de uno. Dile que escriba sólo en una cara del papel o cartulina. El relato puede ser tanto de ficción como de no ficción.
2. Sugiérele que confeccione una cubierta y una contracubierta del libro utilizando dos hojas de cartulina de color pálido, incluyendo en la cubierta el título («Mi visita a las montañas»), su nombre «por Álex García») e ilustraciones. Si lo desea, también podría ilustrar la contracubierta.
3. Ordena las páginas y luego grápalas.
4. Dile que haga un dibujo en el dorso de cada página, exceptuando la cubierta, que ilustre la página siguiente.
5. Sugiere a tu hijo que lea el cuento en voz alta.

Consejo práctico: Es muy posible que un niño de tercero de primaria sea capaz de realizar por sí solo esta actividad, mientras que los más pequeños necesitarán mucha ayuda. Si tu hijo aún no sabe escribir, podría dictar el cuento a uno de los padres o a un hermano mayor, aunque no sea tan divertido.

Noticiario familiar

La mayoría de los niños son «actores» por naturaleza. Sería muy divertido que escribieran sus propias noticias y que las leyeran en público para que todo el mundo estuviera al corriente de lo que sucede a diario en la familia.

Material necesario

- Papel
- Bolígrafo, ordenador o máquina de escribir

Procedimiento

1. Sugiere a tus hijos que redacten su noticiario particular (sucesos que hayan presenciado).
2. Diles que escriban un resumen de cada acontecimiento diario que crean digno de información, incluyendo la escuela, otros miembros de la familia, animales de compañía, etc. ¿Se ha fracturado el brazo Tomás, el vecino? ¿Se ha escapado el perro de Román y han tenido que buscarlo por todo el vecindario?
3. Dales diez minutos o más de preparación, dependiendo de la cantidad de noticias que hayan redactado. La «emisión» del noticiario debería prolongarse entre dos y veinte minutos, según sea el volumen y la profundidad de los temas a cubrir.
4. Sugiere a los niños que se turnen cada día. Si tienes más de un hijo, los demás podrían actuar a modo de realizadores, agradeciendo la presencia del público y decidiendo el turno de los presentadores para leer cada noticia. Si es hijo único y es lo bastante mayorcito como para participar en esta actividad, el presentador deberá asumir todos los roles.

5. No permitas que el noticiario se convierta en una sesión de acusaciones mutuas sobre el mal comportamiento de uno u otro hermano.

6. Cuando el presentador y los periodistas han leído todas las noticias del día, aquél deberá recordar a la audiencia que no olvide «sintonizar de nuevo con nuestra cadena mañana a la misma hora».

Consejo práctico: Los padres deberían ayudar a los niños a decidir cómo tratar los temas relacionados con más de un miembro de la familia.

Banda familiar

No hace falta ser un genio para tocar en una banda familiar. Es una actividad muy divertida que reúne a todos los miembros del núcleo familiar.

Material necesario

- Instrumentos (reales o improvisados, tales como un peine o un vaso de agua)

Procedimiento

1. Sugiere a cada miembro de la familia que elija un instrumento (triángulo, armónica, vasos llenos de agua a diferentes niveles, etc.). Si tienes hijos más mayorcitos podrías incluir instrumentos más sofisticados, tales como un piano, violín, saxofón o bongos.

2. Tocad juntos. Si me permites la licencia literaria: «La familia que toca unida, permanece unida».

Consejo práctico: Considera la posibilidad de realizar ensayos generales. Incluso podrías programar algún concierto de vez en cuando, invitando a toda la familia, tanto la próxima como la lejana.

Banda rítmica familiar

La familia al completo puede participar en esta divertida actividad y demostrar que está «en sintonía», aun en el caso de que sus miembros ni siquiera sean capaces de tocar un trombón de agua. Lo único que necesitas es una cinta de audio con registros musicales y unos cuantos «instrumentos» de fabricación casera.

Material necesario

- Cinta, CD ¡o incluso un LP!
- Instrumentos adquiridos en una tienda o de fabricación casera, entre los que se podrían incluir un cazo y una cuchara de madera, dos cucharas de madera, una carpeta de anillas o un libro para golpear con las manos, un triángulo, unos tambores, etc.

Procedimiento

1. Pon la música.
2. Golpea el instrumento siguiendo el ritmo de la melodía.
3. ¡Divertíos!

Consejo práctico: Procura cerrar las puertas y ventanas para no molestar a los vecinos o realiza esta actividad en el sótano o el garaje.

La noche del talento

¿Y qué hay de las familias que tienen otros talentos además de los musicales? ¡Organiza una noche del talento! ¡Por fin ha llegado la hora de revelarlo!

La noche del talento constituye una magnífica oportunidad para que los niños tímidos e introvertidos salgan de su concha y demuestren sus habilidades ocultas, y para que todos sepan que no sólo sois capaces de organizar una partida de parchís o de limpiar la casa.

Si alguno de tus hijos se muestra reacio a participar, podría actuar en calidad de maestro de ceremonias, que también exige un considerable talento.

Material necesario

- Cualquier objeto necesario para demostrar tus habilidades: una caja de zapatos para llevar el ritmo de la música, un ejemplar del cuento que escribiste, toda la parafernalia necesaria para realizar trucos de magia, etc.

Procedimiento

1. Sugiere a los miembros de la familia que elijan la actividad que van a realizar. Entre las posibles alternativas figuran las siguientes:

    - Contar chistes
    - Tocar un instrumento
    - Cantar una canción
    - Recitar poesía
    - Interpretar un monólogo dramático

- Bailar o realizar una exhibición acrobática
- Mostrar una obra de arte y comentarla
- Leer un cuento que hayas escrito

2. Elige un miembro de la familia para que actúe en calidad de maestro de ceremonias, anunciando las diferentes actividades. Si todos desean tomar parte como actores, uno de los miembros de la familia puede hacer las veces de actor y de maestro de ceremonias.

3. Cada cual deberá actuar por turno, participando en más de una ocasión si lo estimas conveniente, ya sea cantando una canción al principio del espectáculo y otra más tarde o contando chistes y realizando una demostración de magia.

Consejo práctico: Tus hijos podrían colaborar en determinadas actuaciones. Sería estupendo. Además, puede resultar una buena forma de ayudar a los más introvertidos.

Coro familiar

Si «la familia que reza unida, permanece unida», entonces «la familia que canta unida... ¡se divierte unida!». Aunque cualquier forma de cantar en grupo puede resultar apasionante, la armonía, el contrapunto y los cánones hacen de esta actividad un auténtico acontecimiento familiar.

Material necesario

- Música grabada

Procedimiento

1. Para cantar un contrapunto, selecciona dos canciones que se puedan cantar simultáneamente. Muchas canciones navideñas permiten realizar esta combinación. La mitad de los miembros de la familia interpretará la primera, y la otra mitad, la segunda.

2. Los cánones son canciones en las que un grupo empieza a cantar y el resto se incorpora dos, tres o cuatro compases más tarde, creando una armonía de doble melodía que suele coincidir en las palabras finales de cada estrofa.

3. En una armonía, las dos mitades del coro suelen cantar el mismo texto y la misma melodía, pero una segunda o tercera octava más alta o más baja (generalmente más alta). Consulta cualquier libro de armonía y sigue las instrucciones.

Consejo práctico: Podría ser divertido combinar las voces de los adultos con las de los niños.

Libro de canciones familiares

¿Os gusta cantar juntos? ¿Cantáis en el coche, mientras arrancáis hierbajos en el jardín o mientras fregáis los cacharros? Probablemente tendréis vuestras canciones favoritas, y es posible que sepáis otras pero que no siempre se os ocurre interpretar. ¿Por qué no compilar un libro de canciones familiares?

Material necesario

- Papel
- Bolígrafo, máquina de escribir u ordenador
- Grapadora

Procedimiento

1. Reuníos y confeccionad una lista de todas las canciones que os gusta cantar juntos.
2. Designad a un miembro de la familia (papá, mamá o uno de los hijos mayores) para que escriba la letra de cada canción. También podríais sugerir a cada cual que escribiera la letra de diferentes canciones.
3. Revisad las letras de las distintas melodías para evitar disensiones. En ocasiones, los más pequeños podrían equivocarse (en lugar de «Noche de paz, noche de amor...», «Noche de paz, noche de flor...» y cosas así).
4. Si lo deseas, puedes hacer copias de las letras de las canciones para repartir entre los miembros de la familia, ya sea fotocopiándolas o imprimiéndolas en el ordenador.
5. Grapa las hojas para confeccionar el libro.
6. ¡A cantar!

Consejo práctico: Sería una buena idea consultar algún libro de letras de canciones en el caso de que no os pongáis de acuerdo.

Teatro familiar

Podéis pasar un rato muy entretenido haciendo representaciones teatrales para los amigos y vecinos, o incluso para vosotros solos. El teatro familiar es una actividad que reúne a la familia y que despierta sentimientos de orgullo en cada uno de sus miembros. ¡Adelante con la troupe teatral familiar!

Material necesario

- Parafernalia y *atrezzo* necesarios para la representación
- Copias individuales de un guión escrito por uno o más miembros de la familia (opcional)

Procedimiento

1. Reuníos y elegid el tipo de obra que vais a representar. Podría tratarse de alguno de los cuentos favoritos de tus hijos, tales como *Aladino* o *Los tres cerditos*. También podríais representar una historia o anécdota familiar, como por ejemplo, la ocasión en la que se conocieron el abuelo y la abuela, o cualquier otra aventura que dure más cinco o diez minutos. Si os apetece, incluso podéis escribir un guión original.
2. Decidid si preferís ceñiros a un guión o improvisar.
3. Si optáis por un guión, primero escribidlo. Podéis hacerlo en grupo o encargarlo a un miembro de la familia con un talento literario especial.
4. Asigna un papel a cada miembro, a menos que alguien prefiera formar parte del público. Sugiéreles que se aprendan su parte del guión.
5. Reúne toda la parafernalia y el *atrezzo* necesarios para la representación.

6. Haced un ensayo general.

7. Representad la obra en el seno familiar o invitad a vuestros amigos y vecinos. Si la representación se basa en una historia familiar, podríais invitar a los primos y otros parientes.

Consejo práctico: Ayuda a los más pequeños a aprenderse su papel.

Guiñol familiar

Esta actividad es similar a la del Teatro familiar *(p. 136), exceptuando que en lugar de actores se usan muñecos. Una vez más, puedes optar por uno de tus cuentos tradicionales favoritos, una historia familiar o un guión original.*

Material necesario

- Parafernalia necesaria para la representación
- Muñecos, ya sea de confección casera o comprados. Si quieres hacerlos con calcetines, vas a necesitar uno blanco o de color pálido, tres o más botones, un rotulador de punta fina, hilo, pegamento, tijeras y un aro de goma para cada muñeco
- Teatrillo de guiñol estándar o una mesa con una cortina o mantel que cubra la parte delantera para ocultar a los guiñoleros
- Copias individuales de un guión (opcional)

Procedimiento

1. Reuníos y decidid qué tipo de espectáculo vais a representar.

2. Decidid si vais a escribir un guión o preferís improvisar.

3. Si confeccionáis un guión, escribidlo. Podéis hacerlo todos juntos o encargarlo a uno de los miembros de la familia con dotes literarias especiales.

4. Si confeccionas muñecos de calcetín, que probablemente sea lo más fácil, llena de algodón la sección del pie propiamente dicha, desde los dedos hasta el talón, para crear la cabeza, y pasa un aro de goma por debajo para formar el cuello y evitar que el algodón se desplace. Cose un par de botones en el lugar de los ojos, otro para la nariz y una hilera de botones o una línea de rotulador para la boca. Pega un poco de hilo en la cabeza a modo de pelo y practica dos orificios en el calcetín allí donde deberían ir los brazos, cerca del aro de goma. Pasa un dedo por cada orificio *et voilà*, ¡los «brazos»!

6. Asigna un papel a cada miembro de la familia que desee participar y sugiéreles que se lo aprendan.

7. Reunid todo lo necesario para montar el escenario y ensayad.

8. Representad la obra.

Consejo práctico: Ayuda a los niños más pequeños a aprenderse el texto.

Exhibición de mascotas

¿Te gustaría organizar una exhibición de animales de compañía con todos tus amigos o vecinos? Te divertirás presumiendo de la mascota o mascotas de la familia y te sentirás orgulloso de haber sido el artífice de semejante evento.

Material necesario

- Mascota o mascotas de la familia
- Pósters anunciando el certamen distribuidos por el vecindario (opcional)
- Cartulina azul, tijeras y rotulador negro de punta fina para confeccionar las «cintas» azules con el rótulo «Ganador» escrito en ellas

Procedimiento

1. Decide cuándo y dónde vas a celebrar el concurso y si vas a estregar premios o no. Si tienes previsto hacerlo, selecciónalos por categorías (mejor mascota, mejor perro, mejor gato, mascota más linda, mascota más fea, etc.).
2. Decide quiénes serán los jueces.
3. Comunica a tus amigos y vecinos la celebración de la exhibición, y si lo deseas, cuelga pósters anunciadores en las farolas o déjalos junto a la puerta de los vecinos.
4. El día del concurso, sugiere a cada niño o familia que muestre su mascota o mascotas.
5. Entrega los premios correspondientes si así lo has decidido.

Consejo práctico: Para incrementar el número de mascotas participantes en el evento, podrías invitar a la familia y a los amigos.

Olimpiada familiar

Una forma de alimentar el orgullo y el espíritu familiar consiste en competir en concursos atléticos contra otras familias. En las Olimpiadas reales, los españoles compiten contra los americanos, británicos, australianos, alemanes, japoneses, etc. Pues bien, tu familia podría competir contra los Vázquez, los Tejada y los Santana.

Muchos españoles no se consideran extremadamente patrióticos, pero los Juegos Olímpicos despiertan en ellos una especie de furor que los induce a animar incondicionalmente a sus atletas. Imagina lo que significaría este tipo de exaltada transformación en tu familia.

Material necesario

- Cualquier prueba deportiva que puedas incluir en tu Olimpiada
- Papel y bolígrafo para confeccionar los certificados para el ganador de cada evento (opcional)

Procedimiento

1. Busca un emplazamiento apropiado para el concurso atlético. El patio trasero puede constituir una buena elección si es lo bastante espacioso, sobre todo si dispone de una canasta de baloncesto u otros deportes de equipo. Sea como fuere, un parque o una cancha pública resultaría más adecuado.
2. Ponte en contacto con otras familias, a ser posible que tengan hijos de una edad similar a los tuyos, y acuerda una fecha en la que nadie tenga ningún compromiso especial (y otra por si llueve). Si quieres organizar varias pruebas deportivas, podrías prolongar la celebración de la Olimpiada durante toda la semana.

3. Reúne a los miembros de tu familia y decidid en qué pruebas va a participar cada cual. Utiliza los Juegos Olímpicos como referencia. Entre los posibles eventos se podrían incluir carreras de relevos, baloncesto, croquet, lanzamiento de herraduras, bolos, petanca, saltar a la cuerda, flexiones, carreras de globos, etc. También puedes incluir la preparación de menús y repostería, e incluso un concurso para ver qué familia es capaz de recoger más desperdicios de las calles de la ciudad en dos horas.
4. Si lo deseas, diseña un certificado o diploma para el ganador de cada prueba.
5. Celebra la Olimpiada, y si has decidido entregar certificados a los ganadores, cumpliméntalos con el nombre individual o del equipo a medida que vaya finalizando cada prueba.

Consejo práctico: Selecciona pruebas en las que puedan tomar parte activa incluso los más pequeños.

Torneo de cartas o de juegos

¿Quién es el campeón familiar de parchís? ¿Hay algún talento del dominó, experto en Monopoly o campeón en el juego de las palabras?

Sería divertido organizar una noche familiar de los juegos o un torneo por eliminatorias a lo largo de varios días. Podrías incluir a todos los miembros de la familia o reservar la competición únicamente a los niños. Una semana podríais celebrar el concurso de parchís, la siguiente el de Scrabble, y así sucesivamente, otorgando un punto al ganador de

cada juego y declarando gran campeón a quien consiga una mayor pun-
tuación.

Material necesario

- Equipo necesario para las partidas
- Placas, trofeos o cintas de confección casera para los ganadores

Procedimiento

1. Planifica los detalles:

   - Decide cómo quieres estructurar la competición. ¿Jugaréis sólo al parchís o a las damas, o incluirás cinco o diez juegos diferentes, otorgando puntos a cada vencedor y declarando gran campeón a quien consiga reunir más puntos?
   - Decide cuántas partidas habrá que ganar para declarar campeón a alguien.
   - Decide si deseas que la competición funcione por eliminatorias a una o más partidas.

2. Decide cómo vas a entregar los premios. Sería divertido declarar un campeón individual y otro general.
3. Decide en qué consistirán los premios: trofeos, cintas, placas o cosas más originales, tales como helados o la dispensa de colaborar en las tareas domésticas durante una semana.
4. Si lo deseas, celebra una ceremonia de entrega de premios.

Consejo práctico: Procura seleccionar juegos en los que los niños puedan ganar por lo menos una vez. Recuerda que el objetivo que subyace en la organización de este torneo es el orgullo y la unidad familiares. Todos necesitan sentirse diestros en algo.

Competición de limpieza

Transforma la limpieza doméstica en una competición y verás cómo tus hijos se esfuerzan al máximo para completar sus tareas sin la mínima queja.

Material necesario

- Utensilios de limpieza
- Trofeo o golosinas, helados, etc. para el ganador

Procedimiento

1. Selecciona los quehaceres domésticos que realizarán los niños, tales como pasar la mopa o la aspiradora, cambiar las sábanas, hacer la colada, quitar el polvo, etc.
2. Decide si vas a entregar un premio o golosinas, helados, etc. al ganador de la semana (o del mes) o si prefieres homenajear al líder actual con una gorra, que pasará de uno a otro a medida que se sucedan los líderes.
3. Decide quién juzgará el esfuerzo de los niños.
4. Decide cuál será la forma de evaluar el trabajo:

   - La realización de una tarea significa la concesión de un punto a cada niño, dependiendo de lo bien que la haya llevado a cabo, teniendo siempre en cuenta la edad. Al finalizar el mes, quien haya acumulado más puntos será el campeón del mes.
   - Tal vez decidas elegir asimismo un campeón semanal, utilizando el mismo sistema de puntos.
   - Los niños se turnarán semana a semana en la realización de las tareas domésticas seleccionadas, de manera que todos puedan ser

evaluados en cada una de ellas. Al término de una ronda, se declarará un campeón y se iniciará la segunda ronda.

5. La posesión del trofeo o placa, si has elegido este sistema, es temporal. Cuando se declara un campeón, el anterior lo entregará al nuevo.

Consejo práctico: Procura que todos comprendan perfectamente el sistema de evaluación antes de que se inicie la competición. Los niños, en especial, deberían saber qué trofeo recibirán en el caso de conseguir la puntuación más alta.

Trofeo familiar

Los niños son competitivos por naturaleza. En la mayoría de las familias esto se traduce en riñas constantes. Una forma de controlar esta competitividad consiste en canalizarla. En lugar de que los pequeños se peleen por cualquier tontería, reorienta sus energías para que compitan con fair play.

En este libro encontrarás un sinfín de posibles competiciones, tales como la Competición de limpieza *(p. 143) y el* Torneo de cartas o de juegos *(p. 141). Existen innumerables formas constructivas de competición infantil. Asimismo, podrías otorgar un trofeo o un certificado o diploma para que circulara periódicamente y de un modo rotativo por toda la familia.*

Material necesario

• Trofeo, certificado, diploma o algún premio más original (helado, etc.)

144

Procedimiento

1. Selecciona las pruebas a las que vas otorgar los trofeos y la frecuencia de las mismas. Así, por ejemplo, se podría tratar de un concurso diario, premiando la buena educación y el buen comportamiento. También se podría tratar de un evento semanal o estacional: premiar al niño que consiga recoger un mayor montón de hojarasca en diez minutos.
2. Anuncia en qué va a consistir el premio.
3. Compra o confecciona el trofeo, certificado o cualquier otro premio.
4. Al término de la competición, entrega el premio al ganador, y si lo deseas, organiza una ceremonia apropiada para la ocasión.

Consejo práctico: Asegúrate de que tus hijos comprenden perfectamente las reglas del juego.

Regalos benéficos

Existen muchas maneras de contribuir a los actos de beneficencia además de preparar el té para los necesitados en las festividades invernales o dedicar un determinado período de tiempo a la elaboración de sopa en las cocinas de la asociación benéfica local. Aquí encontrarás algunas ideas que te permitirán demostrar a tus hijos en qué consiste ofrecer algo de todo corazón, lo cual, además, los convertirá en miembros activos de la tradición familiar de «dar».

Material necesario

- Dinero (opcional)
- Juguetes, libros y ropa usada en buen estado (opcional)
- Regalos nuevos que hayas recibido y que no quieras conservar (opcional)

Procedimiento

1. Decide lo que vas a donar. Puedes reunir a la familia para tomar una decisión conjunta o sugerir a cada uno de los miembros que elijan los regalos que desean hacer. Elige una o dos ideas de las que figuran a continuación o cualquier otra que se te ocurra.

   - Reserva un porcentaje de tu sueldo o, en el caso de los niños, de su asignación semanal o del dinero que acostumbréis regalarles con ocasión de su cumpleaños o en vacaciones para destinarlo a una obra benéfica.
   - Reserva regularmente un determinado período de tiempo a la asociación benéfica local para clasificar la ropa usada, servir la sopa en los comedores o para transportar los artículos donados por las familias o entregarlos a los necesitados.
   - Dona la ropa usada, los juguetes a los que, por su edad, ya no jueguen tus hijos y libros usados a la asociación benéfica local, hospital, centro de asistencia de día u otra buena causa.
   - Dona a beneficencia los regalos que no desees conservar, tales como un suéter de un color que no te guste o un juego de mesa que ya tengas.

Consejo práctico: Ayuda a los niños más pequeños a que aprendan a tomar decisiones de beneficencia. ¡Algunos son tan generosos que estarían dispuestos a darlo todo!

Hucha familiar

Las huchas siempre son divertidas, pero si lo deseas, puedes destinarlas a algo más que a ahorrar dinerito para vuestros caprichos o para las vacaciones familiares, destinando una parte a actividades benéficas.

Material necesario

- Hucha, jarrón u otro recipiente

Procedimiento

1. Decide a qué tipo de actividad benéfica destinarás el contenido de la hucha familiar.
2. Decide también con qué frecuencia deberías donar el dinero a la asociación correspondiente (cada seis meses, una vez al año o esperar a haber acumulado una determinada cantidad de dinero antes de enviarlo).
3. Decide cómo contribuirán los miembros de la familia y con qué cantidad. Veamos algunas posibilidades:

- Cada vez que un miembro de la familia infrinja una regla, como en el caso de no fregar los cacharros o dejar los juguetes en la sala de estar, se le penalizará con una determinada cantidad de dinero que deberá depositar en la hucha.
- Cada vez que un miembro de la familia utilice un lenguaje grosero, deberá realizar una contribución a la hucha. Los padres decidirán qué frases o palabras son inaceptables.
- Cada miembro de la familia deberá aportar una cierta cantidad de dinero semanalmente de su asignación semanal o de su salario. Es

una buena idea establecer un porcentaje, ya que los hermanos podrían ganar diferentes cantidades de dinero dependiendo de sus responsabilidades.

- Las monedas que encontréis en los resquicios del sofá, debajo de los cojines de las sillas o en cualquier otro lugar inapropiado se introducirán en la hucha.
- Si vendéis materiales reciclables, el dinero obtenido podría engrosar el contenido de la hucha familiar.

Procedimiento: Fomenta en tus hijos el hábito de realizar donaciones benéficas, sin que tales aportaciones se consideren «impuestos» sobre las asignaciones semanales u otros emolumentos.

Negocio familiar

A la mayoría de los niños les gusta ganar dinero. ¡Organiza una empresa familiar! Tanto si se trata de una asociación para una sola ocasión como de una aventura a largo plazo, no hay nada comparable a sumar esfuerzos para la consecución de un objetivo común. Dona una parte de los beneficios a una asociación de beneficencia.

Material necesario (para los pósters)

- Papel de colores
- Ordenador o rotuladores de colores de punta fina
- Cinta adhesiva

Procedimiento

1. Convoca una reunión familiar para decidir qué negocio podríais emprender, como por ejemplo, un puesto de limonada, de venta de cómics y revistas usadas, etc. Entre otras posibilidades se incluyen un tenderete de libros o juguetes usados, una *Ruleta de juegos* (p. 150), un puesto de venta de pastelitos o de verduras de cultivo propio.
2. Decide a qué actividad benéfica se destinarán los ingresos.
3. Confecciona pósters anunciadores del negocio. Resultará mucho más fácil si dispones de un ordenador. Procura que tengan un aspecto profesional. Imprímelos en papel de colores para darle un mayor atractivo. Si no tienes ordenador, confecciona los pósters a mano con rotuladores de colores. No olvides destacar que la recaudación se destinará a una asociación benéfica.
4. Distribuye los pósters:

   - En los comercios locales
   - En las farolas
   - Frente a la puerta principal de los vecinos
   - En la escuela

5. Si gestionas un negocio de servicios (siega de césped, canguro, etc.), procura tomártelo en serio y hacer un buen trabajo. Pide a tus clientes que os recomienden a sus amigos.
6. Si vas a organizar un evento de una sola ocasión (venta de cómics, etc.), procura que lo sepan todos tus amigos. Diles que informen a otros niños.

Consejo práctico: Los más pequeños pueden participar de diversas formas, siempre que sean seguras y divertidas.

Ruleta de juegos

Organizar una ruleta de juegos en el patio trasero de la casa puede constituir una actividad muy divertida para toda la familia, amigos y vecinos. Podrías cobrar una entrada única o por cada evento, destinando la recaudación a tu actividad de beneficencia favorita.

Material necesario

- Material para juegos
- Juguetes baratos a modo de premios para los ganadores
- Material para confeccionar los pósters caseros anunciando la ruleta de juegos

Procedimiento

1. Celebra una reunión familiar y toma las siguientes decisiones:

   - A quién invitar
   - Asignación de responsabilidades a los organizadores
   - Actividad benéfica a la que se donará la recaudación
   - Juegos y actividades
   - Publicidad

2. Reúne todo el material e inicia la publicidad «boca a boca».
3. Veamos algunas sugerencias:

   - Campeonato de tiros libres en la canasta de baloncesto del patio.
   - Prueba de hula-hoop (lanzar una pelota desde una cierta distancia con el objetivo de que pase por el aro).

- El payaso hambriento (lanzamiento de pelotas de plástico o espuma, o de un par de calcetines, apuntando a la boca de un payaso pintada sobre una plancha de madera).
- Tiro a la manzana.
- Tiro a la jarra (con una pelota se intenta derribar una jarra de plástico parcialmente llena de guisantes, lentejas o arena).
- Tiro a la pirámide (construye una pirámide con diez latas vacías de refresco y concede tres oportunidades a cada participante para derribar las diez).
- Tiro a la sábana (intenta pasar una pelota de gran tamaño por un orificio de un diámetro relativamente mayor que el de la pelota recortado en una sábana o mantel usado).
- Mini golf (utiliza un palo o bastón para golpear pelotas de ping-pong y meterlas en latas de refresco vacías abatidas, eliminando la sección superior de las mismas y lijando los bordes afilados).

Consejo práctico: Da la oportunidad a todos los miembros de la familia de colaborar en el diseño y organización de los juegos.

Subasta en el vecindario

Organizar una subasta en el vecindario es una forma excelente de vender artículos de fabricación casera y de desembarazarse de los regalos que no deseas. También constituye una buena oportunidad de reunirte con tus vecinos. Y lo mejor de todo, puedes donar dinero a una asociación benéfica.

Material necesario

- Material para confeccionar pósters anunciando la subasta
- Libros, juguetes, CD, casetes, regalos y otros artículos de los que quieras desprenderte
- Artículos de confección casera que desees vender (suéters, animales de peluche, tartas y repostería, etc.)

Procedimiento

1. Decide qué familias van a participar y convócalas a una reunión.
2. En la reunión decidid quién se encargará de organizar la subasta.
3. Elegid la fecha y la hora, así como los artículos a subastar. Podrías incluir categorías diferentes de las mencionadas arriba, como por ejemplo, servicios de canguro, de siega de césped, etc.
4. Decidid a qué asociación benéfica destinaréis la recaudación de la subasta.
5. Si queréis abrir la subasta al público en general, distribuid las tareas de confeccionar los pósters, los comunicados de prensa, etc.
6. Designad a una persona para que actúe en calidad de subastador y otra que coordine los artículos que se presentan a subasta.
7. Decidid dónde se celebrará la subasta.
8. Si vais a invitar al público en general, alguien deberá ocuparse de obtener los permisos correspondientes.
9. Seleccionad o confeccionad los artículos que queráis vender en la subasta.

Consejo práctico: La mayoría de las responsabilidades se deberían asignar a los niños mayorcitos y a los adultos, pero los más pequeños también pueden aportar su granito de arena seleccionando, por ejemplo, los juguetes que quieren subastar.

«Adopción» de una calle

No sólo vives en tu casa, sino también en un barrio, una ciudad, una comunidad autónoma, un país y el mundo. Pero empecemos por lo más próximo: tu entorno inmediato. Ayuda a tus hijos a desarrollar un profundo sentido de implicación en la comunidad fomentando el orgullo de pertenencia a un barrio o vecindario. Una forma de hacerlo consiste en «adoptar» una calle, ya sea la tuya o cualquier otra de las inmediaciones.

Material necesario

- Bolsas de basura
- Guantes de goma
- Semillas de flores
- Tantos colaboradores como sea necesario

Procedimiento

1. Convoca una reunión familiar y elegid una calle, a ser posible de vuestro barrio o vecindario.
2. Decidid el tipo de tareas a realizar, tales como limpiar y recoger los desperdicios tirados en la acera, plantar flores alrededor de los árboles, dependiendo siempre de si vives en la ciudad, el extrarradio o el campo. Podéis programar cuantas actividades de embellecimiento y conservación se os ocurran.
3. Dependiendo de la edad de tus hijos, decide si los miembros de la familia actuarán solos o en grupo, así como también con qué frecuencia «patrullaréis» el vecindario (una vez por semana, una vez al mes, etc.).
4. Asegúrate de que los niños conocen las reglas de seguridad a la hora

de recoger los desperdicios. Diles que se pongan unos guantes de goma y que eviten los objetos peligrosos, como por ejemplo el cristal. Asimismo, adviérteles de que no deben bajar de la acera bajo ningún concepto, aunque sea para recoger basura.

5. Si es necesario, confeccionad un programa de conservación de la calle para que nadie se olvide.
6. Limpiad la calle a conciencia.

Consejo práctico: Los niños más pequeños deben estar siempre vigilados por un adulto. Si lo deseas, puedes ponerte en contacto con las autoridades para preguntarles qué ordenanzas municipales rigen en la comunidad acerca de la limpieza de las calles.

Olimpiada en el vecindario

Organiza una competición deportiva en el vecindario, cobrando derechos de inscripción y donando la recaudación a una asociación de beneficencia. Todos recordarán a tu familia como la fuerza impulsora que subyace debajo de este esfuerzo benéfico y tus hijos aprenderán la importancia de ayudar a los demás.

Material necesario

- Material para confeccionar pósters caseros
- Accesorios para las diferentes pruebas deportivas

Procedimiento

1. Considera qué tipo de pruebas deportivas podrías incluir en la competición, tales como 100 m lisos, una carrera de bicicletas, competición de baloncesto, etc. También podrías incluir eventos inusuales, como por ejemplo, un concurso de hula-hoop, una competición de flexiones, una carrera de monopatines, etc. Luego elige un emplazamiento sin tráfico.

2. Decide a qué asociación benéfica destinarás la recaudación.

3. Elige uno o más jueces, a ser posible un grupo de tres.

4. Compra o confecciona cintas o certificados para los ganadores de cada prueba.

5. Confecciona pósters anunciando la Olimpiada, incluyendo la lista de pruebas, la fecha, la hora, el lugar, el precio de la entrada, la asociación benéfica a la que se destinará la recaudación y un número de teléfono para solicitar información. Procura que el precio de la inscripción sea lo bastante módico como para que los niños puedan apuntarse a varios eventos.

6. Si quieres celebrar la Olimpiada en tu calle, ponte en contacto con las autoridades municipales para obtener los permisos correspondientes.

Consejo práctico: Incluye pruebas para los niños más pequeñines y prepara premios para todos ellos, incluso para los que no consigan ganar en ninguna prueba.

Cómo organizar un espectáculo

A los niños les encanta actuar. Sugiéreles que representen una obra teatral, un espectáculo de guiñol o un concierto. Podrías cobrar una entrada y donar la recaudación a una asociación de beneficencia. Al igual que en la Olimpiada en el vecindario *(p. 154), tu familia aprenderá la importancia de dar y ayudar a los más necesitados, no sólo en términos de dinero, sino también de tiempo y energía.*

Material necesario

- Material para confeccionar los pósters anunciadores
- Todo lo necesario para el espectáculo (instrumentos, guión, vestuario, etc.)
- Lugar apropiado para realizar el espectáculo

Procedimiento

1. Elige el tipo de espectáculo que vas a organizar.
2. Elige un lugar adecuado para el espectáculo.
3. Decide si vas a necesitar la colaboración de alguien externo a la familia para ayudar en la realización del espectáculo.
4. Escribe una obra de teatro, selecciona canciones o confecciona marionetas de guiñol, dependiendo del tipo espectáculo.
5. Decide el precio de la entrada y la asociación benéfica a la que destinarás la recaudación.
6. Confecciona los pósters anunciando el espectáculo.
7. Reúne el vestuario y equipo necesario.

8. Planifica un programa de actuaciones y ensayos.

9. Celebra el espectáculo en el día seleccionado.

Consejo práctico: Para más información sobre cómo organizar una representación teatral, un concierto o un espectáculo de guiñol, consulta *Teatro familiar* (p. 136), *Banda familiar* (p. 130) o *Guiñol familiar* (p. 137).

Fiesta en el vecindario

Reuníos en la calle con otras familias para celebrar una gran fiesta en la que participen todos los vecinos de una y otra acera o las familias de tu bloque de viviendas, aunque es preferible que asista el mayor número de personas posible. ¡Es mucho más divertido! Invita a los padres, hijos, abuelos, etc. que vivan en las proximidades.

Material necesario

- Comida
- Juegos
- Permiso de las autoridades municipales en el caso de que vayas a organizar la fiesta en la calle en lugar de un patio particular o comunitario

Procedimiento

1. Decide el número de familias a las que invitarás a la fiesta, lo cual dependerá en parte de dónde vivas, de la longitud de la calle, etc.

2. Elige la fecha y la hora. Si se trata de una fiesta al aire libre, podrías elegir una fecha alternativa por si llueve.

3. Elige un emplazamiento apropiado: un patio particular, una o más viviendas, la calle, etc.
4. Solicita un permiso de las autoridades municipales en el caso de que organices la fiesta en la vía pública.
5. Decide cómo vas a ofrecer la comida y las bebidas. Sería una buena idea organizar una cena *self service* en la que todos contribuyeran con comida y bebida. También podrías pedir voluntarios que se encargaran de prepararlo todo.
6. Elige los juegos y actividades a realizar durante la fiesta. Si has pensado en organizarla al aire libre, podrías incluir el tejo, las canicas, corre corre que te pillo, etc. ¡No te olvides de invitar a los padres!
7. Invita a todos cuantos deseen asistir, y si has optado por una cena *self service*, procura distribuir las aportaciones de cada familia para evitar que a seis o siete se les ocurra presentarse con ensalada de patatas y que nadie se ocupe de traer el plato principal.
8. ¡Relájate y disfruta de la fiesta!

Consejo práctico: Incluye actividades para todas las edades, así como un menú variado que satisfaga todos los gustos.

Intercambio de «elefantes blancos»

Es probable que tengas innumerables cosas guardadas en el armario de las que desearías desembarazarte. Asimismo, necesitas un sinfín de otras cosas. ¿Por qué no organizar un intercambio en el que pudieras comerciar con tus «elefantes blancos» por objetos que otros no quieren.

Después de todo, la idea de un elefante blanco podría convertirse en el tesoro soñado de alguien, y viceversa.

Material necesario

- Regalos que hayas recibido y que no puedas devolver
- Ropa que te haya quedado pequeña y que no vayas a ponerte nunca más, pero que se conserve en buen estado
- Juegos, juguetes y cómics que ya no desees
- Utensilios de cocina que no necesites
- Casetes, CD, libros, cintas de vídeo, etc. que no te interesen
- Aquel cuadro que cuelga de la pared y que te altera los nervios cada vez que lo ves
- Cualquier otra cosa que necesite un nuevo hogar
- Mesas para exhibir la mercancía

Procedimiento

1. Decide a qué familias vas a invitar al intercambio (todo el vecindario, los vecinos de tu bloque, etc.).
2. Elige una fecha, una hora, una fecha alternativa y las reglas de juego básicas. Para evitar que los niños cojan desordenadamente lo que se les antoje, procura que cada cual intercambie un artículo por otro. Una vez finalizado el proceso, reúne todos los objetos sobrantes en una mesa y distribúyelos entre los niños, de uno en uno y empezando por el más pequeñín.
3. Anuncia la celebración del intercambio en todo el vecindario o en el bloque donde vives.
4. ¡A divertirse!

Consejo práctico: Los padres deberían supervisar todas las cosas con las que sus hijos quieren comerciar en el intercambio, así como las que deseen adquirir.

Fiestas familiares divertidas

Cumpleaños:
Rey o reina por un día

Una excelente y originalísima forma de rendir homenaje a quien celebra su cumpleaños y de convertir ese día en algo realmente especial, tanto si se trata de uno de los padres como de un hijo, consiste en tratar al homenajeado como si fuera un rey o una reina durante todo el día.

Material necesario

- Cartulina
- Ceras, lápices de colores o rotuladores de punta fina
- Tijeras
- Pegamento
- Ingredientes para preparar un desayuno especial

Procedimiento

1. Empieza el día sirviendo un desayuno especial en la cama a la persona que cumple años.
2. Coloca en la bandeja, junto con el desayuno, un *Sombrero o corona de cumpleaños* (p. 164) con la inscripción «Reina del Cumpleaños» o «Rey del Cumpleaños». Confecciona la corona con cartulina.
3. El homenajeado quedará exento de todos los quehaceres domésticos (¡exceptuando los deberes!) el día de su aniversario. Si dicha persona es papá o mamá, los niños podrían ayudarles en sus tareas.
4. Si el «rey» o la «reina» quiere un vaso de limonada o una barrita de chocolate, tiene el derecho de pedírselo a cualquier otro miembro de la familia. Ni siquiera tiene que levantarse de la silla o del sofá. Es su aniversario y esto sólo ocurre una vez al año.

Consejo práctico: Los padres deberían procurar que el privilegio «real» no se convierta en un abuso.

Sombrero o corona de cumpleaños

¿Cómo podrías homenajear a quien cumple años en la familia? A decir verdad, lo puedes hacer de formas muy diversas. Una de ellas consiste en confeccionar un sombrero especial para que lo lleve puesto durante todo el día, y dado que la persona en cuestión es el rey o la reina por un día, ¡diséñalo en forma de corona!

Material necesario

- Cartulina amarilla
- Ceras, lápiz de colores o rotulador de punta fina
- Tijeras
- Pegamento

Procedimiento

1. Confecciona una corona de cartulina. Recorta una tira larga y rectangular con pequeños triángulos sobresaliendo por uno de los bordes. Colócala alrededor de la cabeza del homenajeado para saber qué diámetro debe tener y luego pega los bordes.
2. Escribe «Rey del Cumpleaños» o «Reina del Cumpleaños» en la corona.
3. Sugiere a la persona en cuestión que la lleve puesta todo el día.

Consejo práctico: Como honor especial, siéntala en la cabecera de la mesa durante el almuerzo y la cena, y sírvele un menú «real» especial.

Canción de cumpleaños

¿Por qué no rendir honores al rey o la reina por un día componiendo una canción especial de cumpleaños? Podrías reunir a toda la familia para escribir el texto o encomendar esta tarea a alguno de los miembros de la misma dotado de talento literario y creativo.

Material necesario

- Lápiz o bolígrafo y papel

Procedimiento

1. Decide si la composición de la canción correrá a cargo de toda la familia o de uno de sus miembros.
2. Elige una melodía:

   - Podrías escribir una letra especial para «Cumpleaños feliz».
   - También podrías escribir un texto original para alguna de tus canciones favoritas.
   - Si alguno de los miembros de la familia no sólo es un genio creativo escribiendo letras sino también componiendo música, podrías pedirle que escribiera una melodía original para tu canción de cumpleaños.

3. Escribid la letra. Recuerda que no debería referirse a un miembro concreto de la familia, sino que deberíais poder interpretarla en todos los aniversarios familiares.
4. Decide cuándo cantaréis la canción de cumpleaños. Podríais hacerlo durante el desayuno, en lugar del clásico «Cumpleaños feliz», o como una canción añadida cuando entre el pastel en el comedor o al colocarle el *Sombrero o corona de cumpleaños* (p. 164).

Consejo práctico: Asegúrate de que tanto la letra como la música os guste a todos, y si es necesario, sometedlo a votación.

Aniversario familiar

Una boda marca el principio de una nueva familia. ¿Por qué los aniversario deben celebrarlos única y exclusivamente los padres? Podrías invitar a toda la familia, al igual que hiciste al casaros.

Material necesario

• Varía según el tipo de celebración que vayas a organizar

Procedimiento

1. Decide con la suficiente antelación cómo quiere celebrar la ocasión la familia, lo cual dependerá en parte de si cae en un día laborable, escolar, fin de semana o festividad. Podría tratarse de una celebración a la hora de la cena o de todo el día.
2. Empieza el día con un desayuno festivo.

3. Prepara una cena especial: restaurante de moda, picnic en el patio trasero, barbacoa o un suntuoso ágape en el comedor con la vajilla de porcelana.

4. Tal vez quieras hojear viejos álbumes de fotos o ver vídeos familiares, También podéis recordar la época en la que decidisteis fundar una nueva familia.

5. También es un buen momento para contar historias y anécdotas de la familia, especialmente las relacionadas con el día en que se conocieron los padres.

Consejo práctico: En el caso de que los padres deseen celebrarlo de una forma más íntima después de la fiesta (compartir una botella de champán para dos, etc.), no hay razón alguna para que no puedan hacerlo.

Celebración de «medias fiestas»

Es muy posible que las costumbres y tradiciones de tu familia se diferencien de las de otras familias. ¡Celébralas cada año!

Material necesario

• Calendario

Procedimiento

1. Compra un calendario y señala las fechas seis meses antes de las grandes festividades, como por ejemplo, el 25 de junio (Medias Na-

vidades), el 1 de julio (Medio Año Nuevo) y el 14 de agosto (Medio San Valentín).

2. Señala también los Medios Cumpleaños de todos los miembros de la familia.

3. Celebra cada fiesta de la forma apropiada, aunque no hace falta que sean tan pomposas como la del día de cada gran festividad:

- El día de Medio Año Nuevo podrías revisar la lista de buenos propósitos y ver si se están cumpliendo o no, y quizá añadir otros nuevos o reafirmarte en la idea de hacer realidad los originales.
- El día de Medias Navidades no envíes tarjetas de felicitación a los amigos ni adornes ningún árbol, pero sí podrías intercambiar regalos y disfrutar de una típica cena de Navidad.
- El día de Medio San Valentín intercambia tarjetas de confección casera.
- En los Medios Cumpleaños sugiere que cada cual haga un regalo al homenajeado.

Consejo práctico: Aunque tus hijos intenten convencerte de lo contrario, estas celebraciones no justifican en modo alguno la no asistencia a la escuela.

Festividades

Pascua: Decoración de huevos

¿Por qué no escribir el nombre de la familia en algunos huevos de Pascua o pintarlos con vuestros colores favoritos? ¡Y los artistas de la familia incluso podrían dibujar el emblema familiar!

Pascua: Confección y decoración de sombreros

Nadie ha dicho que las galas que tradicionalmente se estrenaban por Pascua tengan que ser «auténticas». ¿Qué hay de malo en unos extravagantes sombreros de papel? Confecciona unos cuantos gorritos y disfruta en familia de un espectáculo de moda la tarde del lunes de Pascua.

Día de la madre / padre / abuelos: Homenaje

Sugiere a todos los miembros de la familia que, con la suficiente antelación a esa fecha tan especial, graben una cinta de vídeo rindiendo un homenaje a la persona de que se trate. Utilizad la misma cinta por turnos, incluyendo pequeños discursos de afecto, poemas, canciones, etc.

Día de la madre / padre / abuelos: Felicitaciones caseras

Las tarjetas de felicitación resultan mucho más significativas que las que se compran, pues expresan exactamente lo que sientes. En este sentido, todos sabrán que el sentimiento procede directamente del corazón.

Día de la madre / padre / abuelos: Escribe un poema

No te limites a una tarjeta de felicitación en un día tan especial: escribe un poema. No importa que rime o no. Lo importante es lo que se dice y no cómo se dice.

Día de los abuelos: Cartas y llamadas telefónicas

Llamar por teléfono es más fácil que escribir, pero cuando los niños hayan hablado con el abuelito o la abuelita, lo único que les quedará es el recuerdo de la conversación. Eso está bien, pero también deberías sugerirles que les mandaran una carta, un dibujo o cualquier proyecto de plástica que hayan realizado en la escuela, es decir, cualquier cosa que los niños hayan hecho con sus propias manos y que los abuelos puedan guardar con cariño.

Primero de mayo / Día de la Tierra: Plantar un árbol

Celebra cualquiera de estas fiestas plantando un árbol. Hazlo en el patio trasero o el jardín y asiste a su crecimiento a medida que crece la familia. También lo puedes plantar en un lugar público y guardar el secreto, de manera que cada vez que lo veas sepas que es el árbol de tu familia. Si es necesario, solicita los permisos oportunos.

Primero de mayo / Día de la Tierra: Limpieza del vecindario

Además de inquilinos, los miembros de tu familia son ciudadanos. Ciudadanos del mundo. Contribuye pues a limpiar un rinconcito del mundo: tu vecindario. Tanto si lo hacéis privadamente o invitáis a otras familias a que os ayuden, recoger la basura de la calle es una buena forma de celebrar cualquiera de estas festividades.

Halloween: Confección de disfraces

En las generaciones pasadas nadie compraba los disfraces de Halloween, sino que se confeccionaban en casa. Y ¿sabes qué? Era muy divertido, casi tanto como ir de casa en casa jugando a «truco o trato». Haz honor a la tradición y este año procura confeccionar tu propio disfraz.

Halloween: Decoración

Crea una atmósfera de auténtico espíritu de Halloween recortando arañas negras y calabazas anaranjadas de cartulina. Cuelga pañuelos que espanten a los fantasmas y decora las ventanas por lo menos una semana antes de la fiesta.

Halloween: Contar historias de miedo

Cuando los niños hayan terminado de recorrer las calles jugando a «truco o trato», reúnelos para contar historias de fantasmas frente al hogar. Luego, apaga el fuego, deja una lámpara encendida y deja que los niños «acampen» toda la noche en la sala de estar en sus sacos de dormir.

Halloween: Calabazas

¿Qué tal si tallaras el nombre o las iniciales de la familia en una calabaza de Halloween? Mientras la sección delantera de la calabaza sonríe con una intrigante mueca a los transeúntes desde la ventana, la trasera relucirá con un extraordinario brillo, proyectando en la pared el nombre de tu familia.

Navidad: Adornos

Antes de comprar el árbol de Navidad, dedica una tarde a confeccionar los adornos. Cada miembro de la familia podría contribuir con un adorno cada año. Por tu parte, y dependiendo de la edad de tus hijos, podrías realizar cualquiera de los proyectos siguientes: decorar una bola lisa de Navidad con purpurina o bisutería; pintar diseños decorativos en ella o escribir sentimientos personales con un rotulador de punta fina y tinta permanente; colocar un gancho en una piña y rociarla de pintura plateada o de nieve artificial, etc. Los niños podrían dibujar una cara en un muñeco de nieve pintado con lápices de colores en una cartulina y que papá o mamá se encarguen de recortar.

Navidad: Papá Noel (o Reyes) anticipado

Una familia que conozco –¡deseosos de poder dormir hasta más allá de las tres y media de la madrugada!– permitieron a sus hijos que abrieran sus regalos en Nochebuena. Con la colaboración de un primo que vivía cerca de su casa, coordinaron la cena con una visita anticipada de Papá Noel.

Mientras los padres y los niños celebraban una cena especial de Nochebuena en un restaurante, el familiar en cuestión distribuía los regalos debajo del árbol. «¡Oh, mirad! ¡Ha venido Papá Noel!», exclamaron los «asombrados» padres al llegar a casa.

Ni que decir tiene que los pequeños quedaron boquiabiertos, aunque ligeramente escépticos, pero sus padres les explicaron que Papá Noel tiene que visitar muchas casas en Navidad y, como es natural, debe empezar el día anterior a repartir los regalos. Desde aquel día, siempre cenaron en Nochebuena para que Papá Noel los visitara anticipadamente. Si en tu familia celebráis la noche de Epifanía (el 5 de enero), puedes hacer que los Reyes Magos de Oriente «visiten» vuestra casa mientras cenáis fuera con vuestros hijos, en lugar de tener que daros un madrugón al día siguiente.

Navidad: Libro familiar de agradecimiento

Confecciona un libro o álbum de los regalos recibidos de cada uno de los miembros de la familia, o por lo menos de los recibidos de personas externas a ella. Haz una lista de regalos y de quien los ha enviado, y marca con una cruz todas las entradas a medida que vayas mandando tarjetas de agradecimiento. De este modo nunca reinará la confusión a la hora de saber quién regaló el suéter amarillo a Lali, qué regaló la tía Andrea a Daniel en Navidad o si Pedro escribió a la abuelita para darle las gracias por el regalo.

Navidad: Regalos

Un regalo casero puede resultar mucho más significativo que si lo compras en cualquier tienda, sobre todo cuando es para la abuela, el abuelo u otro familiar próximo. Asimismo, confeccionar los propios regalos supone un considerable ahorro. Varias semanas antes de Navidad, reúne a toda la familia y dedicad una tarde a preparar los regalos. ¡Poned villancicos navideños, encended las lucecitas del árbol y divertíos!

Navidad: Papel de regalo

El papel de regalo de confección casera añade un toque muy atractivo a cualquier regalo. Las formas de hacerlo son muy diversas. Puedes decorar papel de aluminio o de embalar con rotuladores de punta fina y tinta permanente y pegar unas cuantas estrellitas. También podrías recortar las tarjetas navideñas del año anterior y pegar las ilustraciones en papel de embalar.

Navidad: Elaboración y decoración de galletas

Toda la familia puede hornear galletas de Navidad, que además de ser deliciosas, constituyen un extraordinario regalo. Una actividad más para que el espíritu navideño penetre en vuestra casa y vuestro corazón.

Navidad: Escribe tu villancico

En otra sección de este libro hemos hablado de la posibilidad de escribir una letra original para una canción conocida, o encargar la composición de la música y la letra a alguien de la familia en el caso de que tenga un especial talento para estos menesteres. Pues bien, también puedes hacerlo en Navidad. ¿Por qué no escribir tu propio villancico? Piensa en la satisfacción que experimentarías si pudierais cantar un villancico único y exclusivo de tu familia.

Navidad: Intercambio de juguetes viejos

Es posible que poco antes de Navidad tengas la costumbre de animar a tus hijos a tirar los juguetes con los que ya no juegan para que quede espacio para los nuevos que están a punto de recibir. Pero lo cierto es que algunos niños se resisten a tirarlos. Si estás cansado de ver siempre los mismos juguetes con los que tus hijos ya no juegan jamás, podrías sugerirles que los intercambiaran con sus amigos. Esto no resolverá el problema de espacio, pero por lo menos, si organizas el intercambio nada más empezar las vacaciones escolares, los pequeños dispondrán de juguetes «nuevos» con los que entretenerse antes de que llegue el feliz día. También podrías animarlos a que los donaran a alguna asociación benéfica.

Año Nuevo: Buenos propósitos

En lugar de hacer una lista de buenos propósitos para el Año Nuevo, haz algo diferente. Sugiere a cada uno de los miembros de la familia que escriba en hojas de papel separadas los hábitos o comportamientos que se deberían mejorar. Luego, uno por uno, leerán en voz alta lo que han escrito. Al finalizar, arrojarán el papel al hogar; el papel arderá bajo las llamas... ¡y con él, los malos hábitos!

Año Nuevo: Fin de Año en casa

Tal vez detestes conducir el día de Fin de Año, y por otra parte, no puedas permitirte el lujo de contratar a una canguro. También es posible que los precios de los restaurantes locales consuman una semana del salario. ¿Por qué no quedarse en casa con los niños y celebrarlo juntos?

Deja que tus hijos se acuesten a la hora que quieran, que hagan sonar trompetillas de cartón y que golpeen el fondo de un cazo con una cuchara de madera. Aprovecha para reflexionar sobre el año que está a punto de terminar y sobre el que muy pronto llegará.

Año Nuevo: Predicciones familiares

Sería una buena idea que cada día de Fin de Año sugirieras a cada miembro de la familia que escribiera lo que cree que ocurrirá en la familia –o a cada uno de sus miembros– el año próximo. Guarda las predicciones y cuando llegue el siguiente Fin de Año, leed las que hicisteis el Fin de Año anterior. ¿Se han hecho realidad?

Año Nuevo: Plan para el año próximo

El Año Nuevo es un buen momento para mirar hacia el futuro y pensar en los planes familiares. ¿Has planificado las próximas vacaciones? ¿Van a ir tus hijos a unas colonias o campamento de verano diferente? ¿Vais a mudaros, redecorar la casa, repintarla, comprar un coche nuevo o comprar una embarcación de recreo? ¿Acaso los niños tienen algún deseo especial? Es probable que no todas las ideas sean realizables («No, no podemos tener un perro; ya tenemos dos gatos.»), pero por lo menos los miembros de la familia tendrán una excelente oportunidad de expresarse.